アジア経済研究所叢書 7

韓国財閥の成長と変容
——四大グループの組織改革と資源配分構造——

アジア経済研究所叢書
7

韓国財閥の成長と変容

―― 四大グループの組織改革と資源配分構造

安倍　誠 著

岩波書店

アジア経済研究所叢書発刊に際して

　戦後日本は，復興を経て高度成長を達成し，他のアジア経済の成長を雁行形態と呼ばれる形でリードした．続いてアジアの4つの龍であるシンガポール，韓国，台湾，香港が成長の輪を形作り，これにASEANが加わって，世界銀行は，これを「東アジアの奇跡」と呼んだ．これに加えて中国が「世界の工場」と呼ばれるまでに成長を続け，アジアが世界の成長センターとなった．こうして，アジアの地域統合が唱えられ，「アジア共同体」の形成が現実的に議論されるようになった．

　ヨーロッパでは，1952年のヨーロッパ石炭鉄鋼共同体(ECSC)に端を発する，EEC, ECの長い歴史を経て，EUが成立して統一通貨ユーロが誕生し，経済統合が実現した．また，北米ではカナダ，アメリカ，メキシコの「北米自由貿易協定」が締結され，さらにラテンアメリカとの南北統合による自由貿易協定も検討されている．これに対して，アフリカ地域は貧困からの脱出を課題として残したままであり，中東にもグローバル化に乗り遅れた国が多い．グローバル化と地域統合がもたらす所得格差の問題は，一国内問題ではなく，「地域間格差」の問題となっている．

　この間1991年にはソ連が崩壊し，冷戦の終焉と共に計画経済から市場経済に移行する国が相次いだ．また，イラクのクウェイト侵攻による湾岸戦争，タイの通貨下落に始まるアジア通貨危機，21世紀に入ってのイラク戦争などが発生した．石油価格の高騰は非産油国に大きく影響し，また投機資金が通貨価値の変動を左右した．これらは一地域の出来事でありながら，経済的な影響は世界に及んだ．21世紀は「情報の世紀」であるといわれているが，急激に情報通信革命の進むなかで，様々な問題を抱えたまま「グローバル化」が進んでいる．

　地域間格差が拡大するなかでのグローバル化のもとで，日本はアジア諸国とどのように共存するのか，また中国とどう共生していくのか．さらに，途上国の開発はどうすれば進められるのか．

　ジェトロ・アジア経済研究所は，国別の地域研究者の育成を1つの目的と

アジア経済研究所叢書発刊に際して

して設立されたが，上に示した途上国を巡り近年激しく変化する国際政治・経済の現状は一国だけではなく，地域的，地球的な規模の課題に取り組むことを求め，研究所は国際化と同時に，地域統合など，グローバルな課題の研究を積極的に推進すべき段階に達した．ジェトロ・アジア経済研究所は，このような時代の要請に対応し，創造性をもった内容と国際的な水準を満たす研究を行っていきたい．

本叢書は，岩波書店のご協力を得て，研究所の研究成果をより広く世に問おうとするものである．私たちの無理とも思えるお願いを聞き入れて出版の仕事を快諾していただいた岩波書店に対して，研究所一同を代表し，この機会に深く謝意を表したい．

2005年1月

日本貿易振興機構アジア経済研究所所長

藤田昌久

目　次

アジア経済研究所叢書 7

序　章　分析視角と課題 ……………………………………………1

第1章　韓国経済の構造変化と財閥の成長 ………………15
　第1節　1980年代後半以降の韓国経済の構造変化　15
　第2節　財閥の成長と4大グループ　19
　小　括　34

第2章　所有構造とグループ内出資の変化 ………………35
　第1節　1980年代後半の所有構造　36
　第2節　グループ内の出資フロー　40
　第3節　資金需給と出資フロー　47
　第4節　4大グループと新規企業の収益性　57
　小　括　59

第3章　経営改革の始動 ………………………………………61
　　　　──俸給経営者の登用と組織改革──
　第1節　理事会構成とその変化　61
　第2節　グループ本社とサブグループの形成　78
　小　括　91

第4章　俸給経営者の経歴とグループ経営 ………………93
　第1節　俸給経営者の経歴　93
　第2節　大卒者公開採用と幹部育成　110
　小　括　113

vii

目　次

第5章　通貨危機後の構造調整とグループ内出資 …………115
　　第1節　通貨危機後の韓国経済と4大グループ　116
　　第2節　通貨危機の発生と構造調整　120
　　第3節　4大グループによる構造調整の実施　122
　　第4節　グループ内出資による資本の増強　125
　　第5節　危機後の分岐　136
　　小　括　141

第6章　経営改革のさらなる進行……………………………143
　　第1節　通貨危機後の企業法制改革　143
　　第2節　2000年代の理事会構成とグループ組織
　　　　　　──権限委譲のさらなる進行──　146
　　第3節　2000年代の経歴別役員構成
　　　　　　──系列企業生え抜きの台頭──　159
　　第4節　現代自動車グループの経営者と組織　167
　　小　括　170

終　章　結　論 ……………………………………………173

　あ と が き　181
　参 考 文 献　183
　索　　　引　191

序　章

分析視角と課題

　はじめに

　韓国の「財閥」(チェボル)とは,創業者及びその家族(以下,創業者家族)が支配株主であって経営も掌握するとともに,多角的に事業を展開しているビジネスグループである.財閥は1960年代半ばからの韓国経済の急速な発展とともに成長を遂げてきた.1980年代後半以降,韓国経済が大きく変化していくなかでも財閥は成長を続けている.本書の目的は財閥が経済環境の変化にどのように対応し,また自らの事業規模と事業範囲の拡大に伴って生じる問題をどのように克服して成長を続けているのかについて,グループ組織と資金及び人材という資源の配分,特に内部資本と経営者に着目して明らかにすることにある.本章では,まず韓国財閥のプレゼンスの推移を概観した上で,本書の分析視角に関連する論点を整理する.その上で既存研究を整理し,本書の課題と構成を提示する.

1. 韓国財閥の成長と現在の位置

　韓国において財閥が勃興したのは1950年代のことである.アメリカ軍政府によって接収された旧日本人財産の払い下げとアメリカからの援助物資へのアクセスが財閥形成の大きな契機となった.1960年代半ばから韓国経済は朴正熙政権の下で本格的な高度成長の時代に入った.韓国政府は経済計画を策定し,産業・輸出振興策の実施を通じて工業化を図ろうとしたが,財閥は政府の政策に積極的に呼応することによって急速な拡大を遂げた.その後,1980年代後半から1990年代半ばにかけて各種の自由化政策が段階的に実施され,また1997年から2000年には通貨危機が発生して金融及び企業部門に対する構造調整政策がおこなわれるなど,韓国経済は大きな変化を経験しているが,財閥は成長を続けている.

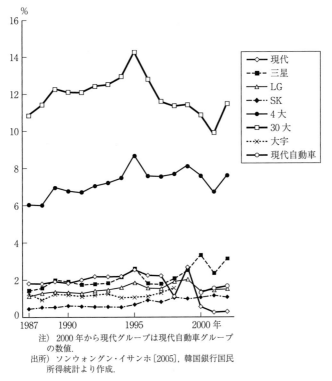

注) 2000年から現代グループは現代自動車グループの数値.
出所) ソンウォングン・イサンホ[2005], 韓国銀行国民所得統計より作成.

図1 韓国財閥の付加価値対GDP比率

　財閥の韓国経済全体に占める位置を知るために，韓国の公正取引委員会が毎年発表している資産額上位30大企業グループの付加価値の対GDP比率をみてみると(図1)，1980年代後半以降，30大企業グループの対GDP比率は着実に上昇し，1990年代半ばまでに14%程度にまで達した．通貨危機後は低下傾向にあるが，韓国経済に占める財閥のプレゼンスは依然として大きいことが理解できよう．ここで特に注目されるのが上位グループ(現代, 三星, LG, SK)への集中度の高さである．1990年代前半から6-9%の水準で緩やかな上昇傾向を続けている．表1から，資産額でもこれら上位グループとその他のグループの間には大きな格差があることがみてとれる．
　これら財閥の上位グループの規模は世界的にみても際だっている．多角的に事業を展開しているファミリービジネスは韓国以外でも開発途上国などに

表1　上位財閥の資産額と系列社数　　　　　　　　　（兆ウォン，社）

	1987年	資産額	系列社数		1997年	資産額	系列社数		2009年	資産額	系列社数
1	現代	8.04	32	1	現代	53.60	57	1	三星	174.89	63
2	大宇	7.88	29	2	三星	51.65	80	2	現代自動車	86.95	41
3	三星	5.59	36	3	LG	38.38	49	3	SK	85.89	77
4	ラッキー金星(LG)	5.51	57	4	大宇	35.46	30	4	LG	68.29	52
5	双竜	2.81	22	5	鮮京(SK)	22.93	46	5	ロッテ	48.89	54
6	韓進	2.63	13	6	双竜	16.46	25	6	現代重工業	40.88	15
7	鮮京(SK)	2.50	16	7	韓進	14.31	24	7	GS	29.04	64
8	韓国火薬(ハンファ)	1.80	22	8	起亜	14.29	28	8	錦湖アシアナ	37.56	48
9	大林	1.78	14	9	ハンファ	10.97	31	9	韓進	29.14	33
10	ロッテ	1.65	31	10	ロッテ	7.77	30	10	斗山	27.30	26
11	東亜建設(東亜)	1.51	16	11	錦湖	7.49	26	11	ハンファ	24.47	44
12	韓一合繊(韓一)	1.48	11	12	漢拏	6.64	18	12	STX	20.69	17
13	起亜	1.37	9	13	東亜	6.46	19	13	大宇造船海洋	16.67	10
14	斗山	1.07	21	14	斗山	6.37	25	14	ハイニクス	13.38	8
15	汎洋商船	1.05	5	15	大林	6.18	21	15	LS	12.85	32
16	暁星	1.00	15	16	ハンソル	4.35	23	16	現代	12.57	11
17	東国製鋼	0.92	13	17	暁星	4.13	18	17	CJ	12.32	61
18	三美	0.84	7	18	東国製鋼	3.96	17	18	東部	12.27	32
19	漢陽	0.84	4	19	真露	3.95	24	19	新世界	11.96	14
20	極東建設	0.76	8	20	コーロン	3.91	24	20	大林	11.06	16
21	コーロン	0.71	17	21	高合	3.69	13	21	現代建設	9.34	14
22	錦湖	0.70	19	22	東部	3.68	34	22	GM大宇	8.89	3
23	東部	0.69	11	23	東洋	3.45	24	23	大韓電線	8.58	32
24	高麗合繊(コハップ)	0.58	6	24	ヘテ	3.40	15	24	暁星	8.42	41
25	韓宝	0.56	11	25	ニューコア	2.80	18	25	OCI	8.21	18
26	ヘテ	0.49	13	26	亜南	2.66	21	26	東国製鋼	8.09	13
27	味元(大象)	0.49	15	27	韓一	2.60	7	27	韓進重工業	7.90	6
28	大韓造船公社	0.48	6	28	居平	2.48	22	28	S-Oil	7.73	2
29	ライフ	0.47	6	29	大象	2.24	25	29	KCC	6.65	10
30	三煥企業	0.44	11	30	新湖	2.16	25	30	コーロン	5.88	38

注）公正取引委員会が指定した「大規模企業集団」（2009年は「相互出資制限企業集団」：資産額が5兆ウォン以上）．2009年は旧公営企業を除く．
　　資産額は直近会計年度基準で，金融・保険企業の場合，資本総額または資本金のなかで多い方を資産額として計算．負債比率は，金融・保険を除く．
　　網かけのグループはファミリービジネスではないと判断されるグループ．1997年の太字のグループはその後経営が破綻したグループ．斜体字のグループは別のグループから分離されて設立されたグループ．
　　（　）内は直近のグループ名．
出所）公正取引委員会資料より作成．

多くみられる企業形態である．しかし，例えば韓国と同程度の経済水準にある台湾最大の企業グループである台湾プラスチックの2000年の資産総額は約46億ドル（1371億台湾元を1ドル＝30元で換算）であるのに対して，韓国の三星グループの同年の資産総額は約583億ドル（70兆ウォンを1ドル＝1200ウ

ォンで換算)に達している.

2. 企業・グループ組織と経営者及び内部資本に関する論点

以上のように，1980年代後半以降も成長を遂げた財閥だが，規模が巨大化するなかで財閥の経営のあり方に変化は生じなかったであろうか．これまで韓国の財閥ではオーナー経営者個人の経営手腕やトップダウン型の意思決定のあり方が注目されてきた[1]．しかし，世界でも有数の規模にまで巨大化したグループの経営について，オーナーがすべて指示を出しておこなっていると考えるのは無理があろう．それでは財閥の経営は具体的にどのように運営されているのであろうか．この問いに答えるために，特に財閥のグループ経営に焦点を当てて，成長を続けるなかでのグループ経営，具体的にはグループ内部の経営組織，及びその下での資源，特に人と資金の配分のあり方を明らかにすることが本書の目的である．具体的な資源として人は経営者を，資金はグループ内部の資本を取り上げる．以下では，まず企業やビジネスグループの組織，及び経営者とグループ内資本に関する論点を，チャンドラーやウィリアムソンの研究，及びそれらを援用した日本の財閥研究や開発途上国のビジネスグループ研究から整理して提示する．

(1) 企業・グループ組織

企業，そして韓国財閥のようなビジネスグループもひとつの組織であり，固有の組織統治のあり方，すなわち統治制度を持つ(菊澤[2006:30])．統治制度を規定しているものは経営組織とそこでの情報の流れや資源配分など内部統制のあり方である(Williamson[1975])．企業の統治制度は規模の拡大や外部環境の変化によって効率性の低下に直面するが，企業は統治制度を変化させることで対応していく．

創業当初は創業した経営者がトップダウン式に経営のすべてを掌握していたとしても，規模が拡大しかつ事業多角化が進展するにつれて，オーナー経営者による直接的な指揮やモニタリングは限界に直面するはずである．特に

---

1) 韓国ではオーナー経営者の自伝やリーダーシップに関するビジネス書が大量に出版されている．特に本研究で取り上げる4グループについてのものが多く，日本でも一部が翻訳されている(具滋曔[1993]，鄭周永[2000]，洪夏祥[2003])．

企業の多角化に伴って，組織全体を調整するとともに長期的な資源配分などグループ全体の計画を戦略的に立案し，評価する業務が生まれることによって，経営者の負担は極めて大きなものとなる．そのため，グループ全体の組織の再編が求められることになる．

　企業の事業規模及び事業構造と企業組織の関係について最初に論じたのはチャンドラーである．チャンドラーは20世紀初頭のアメリカの大企業が垂直統合及び事業多角化戦略を進めて巨大化していくなかでの組織の改革を論じた．具体的には，日常業務の権限は下方に委譲しつつ，トップマネジメントが各事業の評価と長期的計画の策定に専念できるように，自律性をもった製品・販売地域ごとの事業部からなる多事業部制組織が生まれるとした(Chandler[1962])．ウィリアムソンは限定合理性の視点からチャンドラーの議論の定式化を試みた．それによれば，企業の基本形ともいえる製造，販売，管理等の職能別セクションからなる単一型組織(U型組織)は事業拡大につれて組織を多層化していくが，それに伴ってトップから末端までの情報ロスが増大してしまうので，その抜本的解決策として多事業部制組織(M型組織)への「組織革新」が生じると論じた(Williamson[1975])．ウィリアムソンによれば，M型組織では各事業部の上に本社(Head Office)を置き，本社は各事業部の成果に基づく統制と戦略的な資源配分を担う．チャンドラーもウィリアムソンも，M型組織をひとつの法人だけでなく，持株会社—子会社で組織されたビジネスグループも含めて論じている．ウィリアムソンはさらに，本社と事業部ないし子会社の間に必要な内部統制を欠いた組織形態をH型組織と名付けている．またH型と明示してはいないが，1960年代から70年代に成長を遂げたアメリカのコングロマリットを，内部統制を欠いた企業グループの一例として取り上げている．チャンドラー，ウィリアムソンともにM型組織を近代企業のひとつの完成形と捉えていたことは間違いないだろう[2]．

　戦前の日本の財閥についてウィリアムソンの議論を援用して分析を試みたのが岡崎哲二である．岡崎は日常の経営は子会社(直系事業会社)に委ねつつ，

---

[2]　これに対しては，例えば中小企業の柔軟性や日本の系列のような長期的取引関係を重視する立場から多くの批判が出されている(この点の最新のサーベイとして安部[2009]，またチャンドラーの学説のアジアへの適用とその限界について論じたものとして，同じ『経営史学』チャンドラー追悼特集に掲載された曳野[2009]がある)．この他に日本の事業部制組織の独自性を指摘したものとして鈴木・橘野・白鳥[2007]がある．

本社が子会社をモニタリングして戦略的な資源配分をおこなうようになったとして，1910年代の本社の設立によって日本の財閥ではM型組織が形成されたと捉えている（岡崎[1999]）．

後発国のビジネスグループとグループ組織を論じた研究としてAmsden and Hikino[1994]がある．アムスデンと曳野孝によれば，非先進国企業は固有の技術を持たないがゆえに，先進国企業から技術を導入・吸収してすばやく事業化する「プロジェクト遂行能力」(Project Execution Capabilities)が大きな競争力となる．この能力は事業内容にかかわらず適用可能であるので，いち早く能力を獲得した企業が非関連事業にも積極的に進出して多角化グループを形成することになった．アムスデンと曳野は，同様に非関連多角化をおこなっているアメリカのコングロマリットとは異なり，開発途上国のビジネスグループはプロジェクト遂行能力を体化した人材等の配分機能を持つためにグループ本社による中央統制の度合いが大きいと論じた．コックとギジェンはアムスデンと曳野の議論の拡張を試みた．コックらによれば，後発国企業において当初形成される能力は政府や外国企業との「接触能力」(Contact Capabilities)であり，その後事業が発展するにつれてアムスデンと曳野が指摘したようなプロジェクト遂行能力，または「複製能力」(Generic Capabilities)が形成されるようになり，最後には先進国企業と同様の「組織・技術能力」(Organizational and Technological Capabilities)が必要となる．能力に応じて形成される非関連多角化の程度は徐々に縮小し，それに応じてグループ組織は当初の緩やかなものからM型組織，さらには「集権化されたM型組織[3]」へと中央統制が強まっていくとした（Kock and Guillén[2001]）．

(2) 資源としての人＝経営者と資金＝グループ内資本

本研究で取り上げる資源としての「人」は経営者，特に俸給経営者である．企業が事業の拡大に伴って組織の再編を進める過程は，それまでの人材面での創業者家族，及び共同出資者への依存から俸給経営者の積極的な登用へと転換する過程でもあった．企業組織の変化に伴う俸給経営者の台頭を最初に

---

[3] 「集権化されたM型組織」の概念を提起したヒルたちは，近代大企業の多くはM型組織の想定よりも事業範囲が狭く，中央統制の度合いが強い組織構造を持っているとしてウィリアムソンを批判した（Hill[1985], Hill and Hoskisson[1987]）．

論じたのはやはりチャンドラーである．チャンドラーは事業部制の登場に先立つ 19 世紀後半のアメリカ大企業において，事業規模の拡大に伴って階層組織が形成されると，家族経営者に代わって組織の管理業務を専門におこなう俸給経営者が台頭したこと，さらに俸給経営者がトップマネジメントのすべてを掌握する経営者企業が出現したことを論じた (Chandler[1977])．森川英正は戦前の日本の財閥においても俸給経営者の台頭が顕著であったことを指摘し，俸給経営者の台頭こそが財閥の工業化への積極的な参加の原動力であったと論じた (森川[1980])．日本の財閥では俸給経営者が財閥本社のトップマネジメントをすべて握ったわけではないが，橘川武郎は総有制や番頭制の伝統によって日本の財閥は創業者家族の支配がかなり制約されていたことを指摘している (橘川[1996])．俸給経営者の台頭と家族経営者との関係については近年の後発国のファミリービジネス研究でも注目を集めており，多くの成果が生まれている．星野妙子らは後発国のファミリービジネスの多くが俸給経営者を積極的に登用することによって経営近代化を進めてきたことを確認している (星野・末廣編[2006])．特に末廣昭はファミリービジネスが成長を続ける上での様々な制約を「経営の臨界点」と称し，人材面で臨界点を引き上げる試みとして俸給経営者の登用を論じた (末廣[2006])．

　財閥の俸給経営者に関連して重要な論点はその属性である．経営者という人的資源を内部に求めるのか，外部に求めるのか，その条件は何かについては先進国企業・途上国企業を問わず常に議論されてきた．ここで注目されるのは森川英正による俸給経営者の台頭と内部昇進の関係についての議論である (森川[1996])．森川は俸給経営者を内部昇進者，企業間を頻繁に移動するワンダーフォーゲル経営者，高級官僚から経営者に招かれる天下り経営者の 3 つに分類した．その上で，日本企業において内部昇進型の俸給経営者の台頭によって俸給経営者が全権を握る経営者企業が優位になった事実を指摘した．森川はその要因として，俸給経営者が内部から役員に昇進した場合にそれまでつちかった社内ネットワークが企業経営上有利に働くと主張した．

　グループ組織の下で配分されるもうひとつの重要な資源として資金がある．本書で検討する資金は内部資本，具体的にはグループ系列企業への出資である．ビジネスグループは企業が資本によって結び付いた存在であり，相互の出資が持つ役割は大きい．ウィリアムソンは U 型組織から M 型組織への組

織革新を，伝統的に資本市場が託されてきた統制機能を内部資本市場が代替するものと捉えた(Williamson[1975])．ビジネスグループがグループ内で資本をどのように配分しているのか，特に戦略的に出資をおこなって各系列企業を統制しているのかどうかは，ビジネスグループの性格を考える上で重要である．

　戦前の日本の財閥に関する研究では，麻島昭一らによる詳細な資金運用表の分析がある(麻島[1983]，麻島編[1987])．これらをもとに岡崎は，戦間期の財閥，特に三菱と住友の両財閥では成長率は低いが安定的に高い収益をあげている成熟した事業から持株会社を経由して新規事業に内部資本市場を通じた資金の流れがあったこと，これに対して日産財閥では本社である日本産業が外部の資本市場から多額の資金を調達して新興の産業への新規事業に振り向けていたことなど，グループ系列企業の資金事情と出資の関係を論じている(岡崎[1999])[4]．

(3) 制約条件としての「家族の論理」

　ビジネスグループがファミリービジネスである場合，その組織や資源配分を考える上で「家族の論理」に十分留意する必要がある．創業者家族がどの程度経営に参加するのかによって，グループ組織，そして俸給経営者の登用のあり方は大きな影響を受けることになる．特に重要な要素は家族内での世代交代であり，それを規定する伝統的な相続慣行である．相続慣行に基づいてグループが分割されると，グループ全体の規模，そして経営に参加する創業者家族の数が大きく減少する可能性がある．戦前の日本の財閥の場合，長子単独相続の伝統もあってグループの分割は避けられたとされるが(安岡[1998])，均分相続の伝統下にある華人企業の発展サイクルを，世代交代を軸に4局面にモデル化した試みとしてウォンの研究がある．ウォンによれば，華人企業は個人のパートナーシップによる第1局面，特定の株主とその家族の下での中央集権的支配にある第2局面，家族の間で分節的な支配がおこなわれる第3局面，家族の間で分裂する第4局面に分けることができる．第1局面から第2局面に移行してファミリービジネスとなり，世代交代に伴って

---

[4]　この他に日本の財閥を内部資本市場の観点から分析した研究として武田[1993]がある．

第3局面に移行する．第3局面からは第2世代の特定メンバーがマジョリティを握って第2局面に戻る場合と，そのままさらに世代交代を経て第4局面，つまり分裂する場合と二通りあるという(Wong[1985][1988])．このことは事業の論理を優先させて事業をそのまま保持するか，家族の論理を優先させて事業を分割するか，という選択肢が存在することを意味する．末廣昭は華人企業が支配的なタイにおいて，ビジネスグループは基本的に子息ひとりに継承されて分割や敵対的な例は少ないことを指摘し，財産の相続と事業の継承を峻別すべきであると主張している(末廣[2003])[5]．

3. 既存の韓国財閥研究

(1) 主流的研究——3つの分析視角

従来の韓国財閥研究において主流となっているのは主に3つの分析視角からの研究である[6]．第1の分析視角は政府と財閥の関係に着目した政治経済学的アプローチである．政府は多額の献金等をおこなう企業に，その見返りとしてレント，例えば許認可事業への参入や低利融資の機会などを与えた．その結果，政権と癒着関係にある企業が多くの事業に参入することによって企業グループとして肥大化していったとする見方である(Haggard[1990])．韓国においては1950年代の李承晩政権と，1960年代から1970年代にかけての朴正熙政権において，それぞれ政権と密接な関係を持つとされる企業の成長がみられた．特に朴正熙政権は戦略産業に対して個別に育成法・振興法を制定して参入規制を設け，少数の企業にのみ事業認可を与えて金融等の支援をおこなった．この選別育成は特に1970年代の重化学工業において顕著であったが，ここで政権と密接な関係にある企業が複数の事業の認可を得て，

---

  5) ウォンのモデルをもとに現代台湾のファミリービジネスを研究した成果として川上[2008]が，また同様の視点からのインド財閥研究として伊藤[1998]がある．
  6) もちろん，財閥研究はこの3つの流れにとどまるものではなく多様である．韓国内では，この3つの流れを意識しつつ，独自の問題にも触れながら通貨危機後の財閥改革の不徹底さを指摘した研究として金基元[2002]，ソンウォングン[2008]がある．また近年特に拡大がめざましい三星グループを対象に様々なアプローチからその問題に迫った研究としてチョドンムン他編[2008]がある．日本における財閥研究の成果では，後で紹介する服部民夫の諸研究の他に，1990年代の財閥の過渡期的性格を包括的に論じた深川[1997]，通貨危機後の財閥改革について論じた高龍秀[2009]，初の韓国財閥の通史である鄭章淵[2007]，独占禁止法による規制の観点から財閥を論じた遠藤[2006]，三星グループ創業者李秉喆の企業家活動を本格的に論じた柳町[2007]，LGグループの組織と戦略を歴史的に論じた山根[2005]などが発表されている．

グループとして拡大していった(Woo[1991], Kim[1997], 朴一[1999]など). 政府の許認可と財閥形成についてはレントシーキングとは別の視点もある. 朴政権期における戦略産業の事業者選定では，それまでの輸出実績や別の戦略産業での生産実績など過去のパフォーマンスを選定基準とした. この「コンテストベース」(The World Bank[1993])の産業政策によって，経済開発初期に良好なパフォーマンスをあげた少数の企業が複数の戦略産業に参入することが可能になり，高い成長ポテンシャルを持つ企業が財閥として成長していったとする考え方である(深川[1994])[7].

第2の分析視角は効率性アプローチとも言うべき，財閥を市場に代替的な内部組織として捉え，その効率性に着目する研究である. 企業による事業の内部化は，①調達や販売の取引費用が高いことによる垂直統合，②リスク分散のための事業多角化，③企業が保有もしくはアクセス可能な資源を複数事業で利用することによる多角化，の3つの要因に分けることができる. 特に開発途上国においては，市場全体が未発達で，かつ小規模ゆえに双方独占の状況が生じやすいために取引費用が高く(①)，資本市場が未発達であるためにリスクを分散する手段が十分でなく(②)，資金や情報などの資源が希少でかつ偏在している(③)ことから，ビジネスグループが形成されやすいとされる(Leff[1978]). 韓国における財閥形成とその後の展開について内部市場の効率性の観点から，Chang and Choi[1988], Chang and Hong[2000], Choi and Cowing[1999], Nam[2001]などの研究成果が出されている.

第3の分析視角は支配株主である創業者家族と少数株主の間でのエージェンシー問題に着目する. 創業者家族が少ない資本で多くの企業を支配しようとする場合，外部から出資を受け入れつつピラミッド型にグループを形成することが最も効率的である. しかしその場合，支配株主による事業拡張は個別の系列企業の価値最大化から乖離して少数株主の利益を損なう恐れがある. ここで少数株主に対する法的・制度的な保護装置がないと，支配株主による

---

[7] 1997年のアジア通貨危機の直後には，その主犯として政府と企業の癒着，いわゆる「クローニー資本主義」論が世界的に取り上げられたが，韓国の場合は自由化政策が進行していたため，あまり議論の対象とはならなかった. ただし，1980年代後半以降，自由化のなかで政府の戦略的な産業育成政策が撤廃されたが，1990年代に入って自由化によって新規参入を認める事業や経営が悪化した企業への救済をめぐって財閥のレントシーキング活動が再び活発となり，これが財閥の非効率な拡大を招いて通貨危機の原因となったとする主張もある(Chang et al. [1998]).

飽くなきグループ拡大によって企業経営の悪化が生じ，経済全体にまで悪影響を及ぼしてしまう．世界銀行などの多くのエコノミストはアジア通貨危機の原因をこのエージェンシー問題にみていた(Claessens, Djankov and Lang [1999][2000], Claessens, Djankov, Fan and Lang[1999], La Porta et al.[1999], Morck ed.[2005])．韓国でも通貨危機を契機にこのアプローチによる研究が極めて活発となり，Chang[2003], Baek et al.[2004], Lim and Kim[2005]をはじめとして多くの研究成果が発表されることになった[8]．

(2) グループ組織と資源配分に着目した既存研究

　以上でみたような研究は，財閥をひとつの単位とみるか，もしくは財閥の集合体をひとつのセクターと捉えて，財閥と別のアクターである政府との関係を明らかにすることや，財閥セクターと非財閥セクターとの効率性の違いを計測してその要因を計量的に明らかにすることを具体的な分析手法としていた．しかし，これらの研究では財閥が拡大するなかでの財閥内部の具体的な経営のあり方については明らかにできていない．他方，財閥内部の組織及び資源配分の実態に着目する研究は散発的に進められているとはいえ，十分な研究蓄積とはなっていない．

　財閥の組織に関する先駆的な研究としては服部民夫による研究がある．服部は韓国の財閥と戦前の日本の財閥の所有と経営の実態に関する初めての本格的な比較研究をおこない，韓国の財閥には持株会社は存在せず極めて複雑な所有構造を有していること，創業者ないしその後継者がグループ会長となって経営の全権を掌握していること，持株会社が存在しない代わりに会長秘書室や経営企画室といった会長を補佐する非公式のグループ統括組織が存在することを体系的に論じた(服部[1988])[9]．しかし分析の対象時期が1980年前後の一時点であり，当然のことながらその後の財閥の変化は考慮されていない．チャンドラーの議論を援用して韓国財閥を論じたものとしてはキムドンウンによる一連の研究がある(キムドンウン[1999a][1999b][2008])．キムドンウンは韓国の財閥はM型組織の形態をとっているものの，支配株主であ

---

8) 通貨危機後，数多くのエージェンシーアプローチによる韓国財閥の実証研究が発表された．効率性アプローチを含めそれを簡便にサーベイしたものとして，Khanna and Yafeh[2007]がある．特に各論文の要点を記したTable 3が有用である．

9) 近年の財閥の日韓比較に関する成果としては崔廷钧[2004], 服部編[2006]がある．

る創業者家族の経営への関与が強い「個人化されたM型組織」であると論じている[10]．しかしキムドンウンは財閥の「個人化された」性格を強調するあまり，環境変化とグループ拡大に対応しておこなってきた組織改革の動態的側面を十分に評価していない．

グループ組織の変化に着目した研究としては鄭求鉉[1987]がある．鄭求鉉は韓国の企業グループがオーナー中心の集権的・垂直的組織から多角化に伴ってグループ統括組織を介した分権的・水平的組織に移行していると論じている．本書の視点から極めて興味深い議論だが，1980年代後半時点での研究である上に試論の域を出ていない．

経営者の属性に関する研究は古くは服部[1982b]がある．ただしこの研究は上場企業全体を対象にしたものであり，経営者の出自の多様性，特に政府・軍人出身者が多いことが主なファインディングとなっている．近年の経営者を研究したものとしては姜又蘭[2006]がある．この研究はCEOの属性，具体的には家族経営者と俸給経営者の区別と経営成果の関連に関心があり，両者がともにCEOとなっている場合に経営成果が高いとの結論を導いている．しかし，財閥の家族経営者と俸給経営者のプレゼンスの変化や俸給経営者の出自などに関心は払われていない．

資金配分についてはソンウォングンが財閥の内部取引というかたちで実証的な研究を積み重ねている（ソンウォングン[2000][2001]）．その分析対象は出資，債務保証や製品取引など広範囲に及んでおり，財務データに基づいた実態分析の研究水準を大きく向上させた貢献は大きい．しかし内部取引の実態分析ではその「多さ」を強調することに主眼があり，構造的特徴については十分に論じていない[11]．

4．本書の課題と構成

本書では2項で示した分析視角から韓国財閥の組織と資源配分構造を明ら

---

10) キムドンウンはやはりチャンドラーの「経営資本主義」を援用して，階層組織が形成されつつもオーナーの権限が強いという意味で，韓国の資本主義を「個人的経営資本主義」と定義付けている．

11) この他に近年の韓国財閥研究として仁荷大学を中心に財閥のデータ収集プロジェクトが進行した．本研究に直接関わる成果としてキムドンウン他[2005]，ソンウォングン・イサンホ[2005]がある．

かにする．組織面では1980年代後半から2000年代にかけて韓国財閥で進んだグループ組織の改編を，事業規模及び事業範囲の拡大に伴って生じる組織の非効率性を解決するための，ウィリアムソンの言うM型組織に向けての組織改革と捉えて分析する．具体的には1980年代後半からのグループ本社機能の整備及びサブグループへの権限委譲，さらに2000年代に入ってからの持株会社の設立と系列企業の自律性拡大へと進む改革を実態に即して論じていく．

　財閥のグループ内資源としては，経営者とグループ内資本を取り上げる．経営者では特に家族経営者と俸給経営者の間の権限配分及び俸給経営者の属性の変化を分析する．家族経営者という資源に限界があるなかで，俸給経営者が系列企業及びグループ全体の経営でプレゼンスを拡大したこと，大卒公開採用者を中心とした内部昇進役員の増大がこれを支えたことが主な論点となる．グループ内資本では1980年代後半から1990年代半ばの新規事業の立ち上げや通貨危機直後の財務構造の改善などグループ系列企業の資金需要が強いときにグループ内での出資が広範囲かつ活発におこなわれてグループ全体を支えていたことを示す．さらに主な出資企業にも注目し，多くの系列企業が直接出資に参加し，かつそれぞれの時期に最も成長を遂げていた企業から大規模な出資をおこなうことでグループに必要な投資資金を賄っていたことを指摘する．

　ここで重要になるのはグループ組織及び経営のあり方と資源配分の間での対応である．先に述べたようにグループ組織とは資源配分機構であり，グループ組織の形態と資源配分のあり方は表裏一体の関係にある．例えばグループ経営を熟知していて創業者家族にとって信頼できる内部昇進の俸給経営者の増大は，系列企業に権限を委譲する組織改革を後押ししたはずである．またグループ内出資やグループを越えた役員の異動といったグループ内での資源移転の多寡はグループの中央統制の強さを示すものといえる．本書ではこのような組織と資源配分のあり方の対応関係も論じていく．

　財閥の組織や資源配分を分析するにあたって十分留意すべきなのは財閥のファミリービジネスとしての性格である．具体的にはグループ経営に大きな影響を与えるものとして，特に創業者家族の世代交代に注意を払う必要がある．韓国財閥の本格的な事業の開始はいずれも1945年の解放直後であり，

1980年代後半から1990年にかけて世代交代の時期を迎えるケースが多かった．本書では財閥経営を規定したひとつの大きな要素として創業者家族の世代交代に十分留意して議論を進めていく．

本書では三星，LG，現代，SKの4グループを対象に事例研究をおこなう．これらのグループを選ぶ理由は，先にみたように財閥のなかでも韓国を代表する上位グループとして群を抜く規模を誇ってきたからである．上位グループとしてはこの他に大宇グループがある．急成長後，通貨危機後に破綻してしまった財閥としてその事例は貴重だが，現存しないこともあって他グループと比べて資料が不十分であり，対象から外さざるをえなかった．分析時期は1980年代後半から現在(2000年代後半)までの「ポスト開発期」である．政府主導により経済開発が推進された1960年代後半以降の開発期において，財閥は政府との密接な関係の下で成長を遂げた．これに対して1980年代後半以降は，第1章で詳しく論じるように，政府による産業の保護・育成政策も撤廃されるとともに，大きな産業構造の変化が生じることになった．それまでの政府依存から離れて財閥が独自の力でどのように新たな環境に対応していったのかをグループ内部の実態から明らかにしようとすることが本書の主眼である．ただし，必要に応じて1980年代半ば以前の財閥のあり方についても言及する．

以下，まず第1章から第4章までは1980年代後半から通貨危機の1997年までを取り上げる．第1章ではこの時期の韓国経済及びそのなかでの上位グループの成長の軌跡とこの時期の事業展開を概観する．第2章では内部資本を取り上げ，1980年代後半の各グループの所有構造とその後のグループ内出資の特徴を明らかにする．第3章では各グループの経営改革として，この時期の俸給経営者の登用と組織改革を取り上げる．第4章では台頭する俸給経営者の経歴構成の変化を分析する．

第5章と第6章は1997年の通貨危機から2000年代までを取り上げる．第5章では通貨危機直後の政府の構造調整策とそれへの財閥の対応，そのなかでのグループ内出資の役割を論じる．第6章では通貨危機後の俸給経営者の登用と組織改革，及び俸給経営者の経歴構成の変化を分析する．最後に，本書の内容を要約するとともに，それからのインプリケーションとして今後の韓国財閥の方向性を提示して結論とする．

第 1 章
韓国経済の構造変化と財閥の成長

　1960年代半ば以降，政府の開発政策に呼応することにより急速な拡大を遂げた韓国財閥だが，1980年代後半に入ると政府の経済運営が転換するとともに，産業構造も大きな変化をみせた．そのなかで財閥はどのように事業を展開していったのであろうか．本章では，まず1980年代後半からの韓国経済について，賃金上昇と自由化政策，及びそれに伴う輸出向け労働集約的産業中心から内需向け産業及び重化学工業中心への産業構造の変化について論じる．次に韓国経済における財閥のプレゼンスの変化を確認した上で，本書で取り上げる三星，LG，現代，SKの各グループの創業からの成長過程を整理し，1980年代後半からの事業展開について，自由化政策及び産業構造の変化にうまく対応して既存事業を伸ばすとともに新事業にも積極的に進出していったことを論じる．

第1節　1980年代後半以降の韓国経済の構造変化

1．経済与件の変化

(1)　賃金の上昇

　1980年代後半の韓国経済における第1の大きな変化は賃金の大幅な上昇である．1986年から1988年にかけて，韓国経済は輸出に牽引されて3年連続の二桁成長を達成した．円高ドル安の急激な進行による相対的なウォン安，世界的な低金利政策，原油安という経済環境が輸出を後押ししたことから，この時期の好景気は「三低景気」と呼ばれた．三低景気の時期は民主化運動が高揚した時期でもあった．特に1987年6月の「民主化宣言」以降，それまで抑圧されていた労働運動が一気に盛り上がりをみせた．「労働者大闘争」とも呼ばれる激しい闘争のなかで労働条件，特に給与の改善は最大の獲得目標のひとつであった．

第1章　韓国経済の構造変化と財閥の成長

その結果，好景気にも後押しされて，賃金が大幅に上昇した．1986年には9.2%であった製造業勤労者の名目賃金上昇率は，1988年には19.6%，1989年は25.1%，1990年は20.2%と非常に高い伸びを示した．賃金の上昇は多くの国民の所得が増大し，豊かさを享受するようになったことを意味していた．他方で，賃金の上昇はそれまでの韓国経済の成長の基盤を掘り崩すことになった．通貨ウォンの対米ドルレートが切り上がったこともあり，1999年から労働集約的製品を中心に輸出が落ち込むことになった．特にこの頃からマレーシア，タイ，インドネシアなどASEAN諸国が輸出志向工業化政策を推進し，労働集約的製品の国際市場に本格的に参入したことも韓国の輸出に大きな影響を与えることになった．

(2)　経済の自由化

1980年代後半における韓国経済の第2の変化が政府による自由化政策である．韓国では1960年代初頭から1970年代末まで朴正熙政権が強力な経済開発政策を実施した．同政権は発足当時の1961年から経済開発五カ年計画や銀行の国有化など政府主導の経済運営に向けた基盤整備を進めたが，1960年代半ば以降，戦略産業の育成に向けて個別産業育成法・振興法を相次いで制定した[1]．そのなかでは事業者登録制によって新規参入を規制するとともに，生産設備の増設についても政府の許可制とした．他方で，参入した少数の企業に対しては国有化した銀行から優遇金利による融資をおこなった．さらに輸入規制を継続して対外的な競争から保護した．1973年からの重化学工業育成計画の実施によって，重化学工業の戦略産業については工業団地の整備やさらなる金融優遇策など，重点的な育成が図られた．

1980年代に入ってからは戦略産業の育成よりもマクロ安定化政策に重点が移行するとともに，銀行の民営化など経済自由化に向けた政策が徐々に進められていった．特に1980年代半ば以降，経済の成熟化に伴って企業がより自由に経済活動をおこなえるような市場主導の経済システムの構築が求められるようになった．また，韓国経済のプレゼンス拡大によって海外からも市場開放と自由化を要求されるに至った．そこで1980年代半ばから政府は

---

1)　個別産業育成法・振興法が制定された産業は，繊維，化学，鉄鋼，機械，電子，自動車，造船の7つである．

本格的な自由化措置を実施していった．最初に大きな意味を持った自由化措置が，1985年の個別産業育成法・振興法の廃止である．これによって企業は戦略産業において自由に新規参入や設備の増設をおこなうことが可能になり，政府は産業に直接介入する最も強力な手段を失うことになった[2]．

同時期に進められたもうひとつの重要な自由化政策が金融自由化である．韓国政府は1989年から「先進国クラブ」とも称された経済協力開発機構(Organization for Economic Co-operation and Development: OECD)への加盟に強い意欲をみせていたが，これに対してOECDは自由化基準を一定程度クリアすることを求めた．特に韓国において未達成であった分野が金融自由化であった．そこで韓国政府は，1990年代に入ってから金融自由化に向けた措置を段階的に進めていった．具体的には，まず各種政策金融のスキームが廃止された．先の個別産業育成法・振興法の廃止と合わせ，これによって開発政策の時代は終わったとみることができよう．また金融セクターでは企業参入の認可制が残ったものの審査は簡素化され，多様な金融サービスを提供する業態が認可された．

金融の自由化は対外市場開放も含んでいた．なかでも企業に大きな影響を与えた措置が，金融機関及び企業による海外資金調達の自由化であった．これによって，韓国企業は債券の発行シンジケートローン等を通じて，資金を直接，海外から調達できることになった．またノンバンクのなかで主導的な位置にあった投資金融会社のすべてが，1996年の総合金融会社法の改正によって海外資金調達が可能な総合金融会社に転換した．これによって，直接海外から資金を調達できない企業も総合金融会社を通じて海外資金へのアクセスが可能になり，資金調達の手段が多様化した[3]．

---

2) ただし，個別産業育成法・振興法に代わって1986年から施行された工業発展法には合理化業種指定制度が設けられた．同制度は事業者の申請に基づき，工業発展審議会の審議を経て要件を満たせば新規参入や設備増設を抑制することが可能であった．1996年には同制度によって，現代グループの一貫製鉄所建設が不許可となった．同制度は1999年に工業発展法が産業発展法に衣替えするに伴って廃止された．
3) ただし，対外的な資本自由化は段階的に進められ，特に金融セクターや流通，情報通信産業への外資参入は規制されたままであった．そのため，1980年代後半以降に活発化した各産業への新規参入はほぼすべて国内企業で占められることになった．

2. 産業構造の変化

　以上のような与件の変化に対応して，韓国の産業構造は大きく変化することになった．第1の変化は労働集約的産業の衰退と重化学工業の本格的な成長である．1980年代後半までの韓国の輸出主力製品はアパレル，靴，家電製品，その他雑貨など，労働集約的な製品であった．しかし，先にみたように賃金の大幅な上昇によって，韓国は労働集約的製品のコスト競争力を失うことになった．代わって自動車，電子，造船，化学，石油精製といった重化学工業製品が輸出の主役となった．これら産業のほとんどは1960年代末から政府が戦略的に育成してきた産業であり，先にみたように育成法・振興法を通じた政府の手厚い支援の下で成長してきた産業であった．1990年代になって本格的なリーディングセクターにまで成長を遂げたことになる．特に1993年からの急速な円高の進行，及びタイ，マレーシア，インドネシアに加えてベトナムや中国といった東アジア諸国の高成長によって中間財を中心に市場が拡大したことにより，韓国の重化学工業製品の輸出が大幅に増加した．半導体の場合，製品の世代交代の時期にあったこと，及びパーソナルコンピュータが急速に普及したことによってメモリー半導体，特にDRAMの需要が大幅に増大し，半導体の輸出は韓国の総輸出の15%を占めるまでに増大した．

　成長の背景には自由化に伴う投資と参入の活発化があった．個別産業育成法・振興法の廃止により設備の増設や新規参入に対する制限が原則的に撤廃された．その結果，これらの産業に新規参入を図る企業が相次いだ．重化学工業の設備投資には多額の資金が必要だが，金融の自由化によって投資資金の調達が容易になったこともあり，韓国の重化学工業は急速に成長することになったのである．

　第2の変化は内需向けの新産業の勃興である．賃金上昇による勤労者所得の増加によって，多くの国民が消費生活を享受することができる時代が到来した．1990年代に入ると「過消費」とも称されるほど個人消費が活発化し，百貨店，スーパー，コンビニエンスストアなど流通業や外食産業などサービス産業がめざましい成長をみせた．さらに規制産業であった金融業や情報通信産業が段階的に自由化措置をおこなった．その結果，消費者向けの信販，

ローン,保険など多様な金融サービス業が勃興し,新規参入が相次いだ.情報通信産業では従来の国内・国際電話事業の自由化に加えてデジタル無線通信の無線呼び出し(ポケットベル),続いて携帯電話が登場し,爆発的な普及をみせることになった.

第2節　財閥の成長と4大グループ

　以上のような産業構造の変化のなかで,韓国経済における財閥はどのように対応したのであろうか.以下では,韓国経済における財閥,特に本書で対象とする三星,LG,現代,SKの4大グループのプレゼンスの変化を概観するとともに,創業から1980年代前半までの上位財閥の事業確立過程と1980年代後半以降の新たな展開をみていく.創業時期や母体となった事業はそれぞれ異なるものの,1970年代に政府の政策に呼応して事業を多角化することを通じて拡大してきたこと,1980年代後半からはそれまで育成してきた電子,化学,自動車,石油精製などの系列企業がグループの中核となる一方,参入規制が撤廃された重化学工業や金融や流通等,新たな分野に積極的に多角化したことは各グループとも共通していることを示す.

1. 財閥の成長

　序章表1の財閥の資産額をみると,1987年の時点では現代,大宇が突出しており,これに三星,LG(当時はラッキー金星)が続いていた.SK(当時は鮮京)はこのランキング上の中位圏に位置するグループに比べれば規模は大きかったものの,双竜,韓進に次ぐ7位であった.図2はその後の三星,LG,現代,SK,大宇の各グループの資産額の推移をみたものである.これをみると,1980年代後半以降,継続して資産額を増加させていったことがわかる.特に1995年から資産額の増加は加速している.表1からも,1997年には上位グループとそれ以下のグループでは資産額に大きな格差があることがわかる.多角化の程度をみるために,まず上位グループの系列企業数の推移をみたものが図3である.LGグループは系列企業数を減らすなどグループごとに違いがあるが[4],総じて1980年代後半以降,系列企業は増加傾向にあった.もうひとつ多角化の指標として売上高の産業別分布をみると(表2),

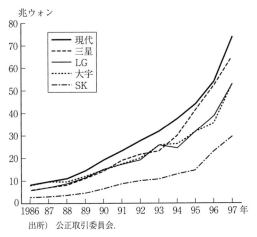

出所）公正取引委員会.
図2 上位グループの資産額推移

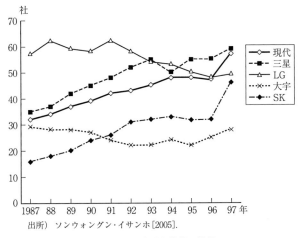

出所）ソンウォングン・イサンホ[2005].
図3 上位グループの系列企業数の推移

小売・卸売業のシェアがいずれのグループも高くなっているが[5]，それ以外では1987年時点での各グループのリーディングセクターとみられる産業のシェアが1997年には低下してその他の産業のシェアが上昇している．その

---

4) LGグループでの系列企業数の減少は，組織改編に伴う企業合併によるものであり，事業多角化とは直接関係がない．この点については，第3章で詳述する．

表2 4大グループ売上高の事業別分布 (%)

		飲食料品	繊維衣類	非金属化学	出版製紙・木材	一次金属・機械	電機電子	運輸装備	建設	電気ガス	金融	小売・卸	運輸倉庫	情報通信	ハーフィンダール指数
現代	1987			0.3	0.8	4.8	2.3	35.3	13.2		1.1	38.7	3.7		0.296
	1997			4.9	0.8	3.5	4.3	32.5	11.0		3.3	34.9	4.2	0.5	0.248
三星	1987	3.6	3.0	1.7	0.5	0.1	19.8	3.3	2.4		30.2	35.0			0.257
	1997	0.0	1.2	3.3	0.6	0.6	27.5	6.8	0.1		21.0	35.4			0.251
LG	1987			31.7	0.0	1.1	29.9	0.1	3.3	0.0	1.8	31.2	0.5	0.3	0.289
	1997			20.1	0.0	3.4	29.1		3.8	1.9	4.0	35.4	0.5	1.0	0.255
SK	1987			63.2					3.4	0.0		31.1	1.7		0.498
	1997			40.7		0.1	0.0		4.9	1.2	1.7	34.8	3.9	12.3	0.306

注）宿泊飲食，レジャーなど，どのグループでも売上高シェアが小さい産業は除外している．

結果，産業の集中度を示すハーフィンダール指数(各シェアを自乗して合計したもの．1に近いほど集中度が高い)はどのグループも低下している．多角化によって規模を拡大してきた韓国の財閥は，1987年以降も事業の多角化を継続させていたと言えよう．

2．三星グループ

(1) 創業と成長

　三星グループの創業者である李秉喆にとっての初めての事業は，1936年に富農である父親から資金援助を受けて設立した馬山の精米所であった．その後，自動車運送業などを経て1938年に当時物資の集散地として栄えていた大邱に三星商会を設立して貿易業に進出した．解放後も香港，マカオ，シンガポールとの間で砂糖，綿糸，医薬品，肥料等の輸入と海産物・綿実粕等を輸出する貿易に従事した．朝鮮戦争で大きな損失を被ったが，1951年に釜山に三星物産を設立して再起を図った．香港向けに輸出した綿実粕の代金を元手に肥料・砂糖などを輸入したところ，これが莫大な利益をもたらした．輸入物資の国産化を目指す輸入代替工業化政策が実施されて生産業者に様々な優遇策をおこなうようになるや，李秉喆は，1953年に第一製糖を，1954年に第一毛織を相次いで設立した．さらに政府による銀行株式の払い下げに応札して株式を買収した結果，市中銀行(日本の都市銀行に相当)である興業銀行(韓一銀行)[6]，商業銀行，朝興銀行を支配下に収めることに成功した．銀

---

5) 特に上位グループの場合，1990年代まではグループ内商社を通じて輸出をおこなうことが多く，グループ内売上高が事業会社と商社で二重計上されていることにより，流通業の売上高が高くなっていると考えられる．

表3 三星グループの動き

系列企業の動き	創業者家族・グループ全体の動き
1951 三星物産設立	
53 第一製糖設立	
54 第一毛織設立	
57 興業銀行(韓一銀行)買収	1957 社員の公開採用実施
58 安国火災海上(三星火災海上)買収	
商業銀行買収	
59 朝興銀行買収	59 会長秘書室を設置
61 韓一,商業,朝興の各銀行国有化	
63 ラジオソウル放送(東洋放送)設立	
東邦生命(三星生命)買収	
東和百貨店(新世界百貨店)買収	
トンファ不動産(三星エバーランド)買収	
64 韓国肥料設立	
65 中央日報社設立	
セハン製紙(全州製紙)買収	
67 韓国肥料公営化	67 韓国肥料事件で李秉喆,経営から引退宣言
	68 企画委員会を設置
	企画委員会の執行機構として企画室を設置,会長秘書室の機能縮小
69 三星電子設立	69 李秉喆復帰に伴い企画室を会長秘書室に統合
三星サンヨーパーツ(三星電子部品〈三星電機〉)設立	
70 三星NEC(三星電管〈三星SDI〉)設立	
72 第一合織設立	
73 インペリアル(新羅ホテル)設立	
三星コーニング設立	
74 三星石油化学設立	
三星重工業設立	
77 三星綜合建設設立	77 研修院(三星人力開発院)設立
三星精密(三星航空〈三星テックウィン〉)設立	
三星GTE通信設立	
韓国半導体(三星半導体)買収	
	79 李健熙,グループ副会長に就任
80 韓国電子通信買収(三星GTE通信を吸収合併)	
81 韓国安全システム(S1)設立	
82 韓国電子通信と三星半導体合併(三星半導体通信)	
	83 会長秘書室内に運営チームを新設
	87 李秉喆死去
	李健熙グループ会長に就任
88 KOCAカード(三星信用カード〈三星カード〉)買収	
三星綜合化学設立	
三星電子,三星半導体通信を吸収合併	
89 三星BP化学設立	

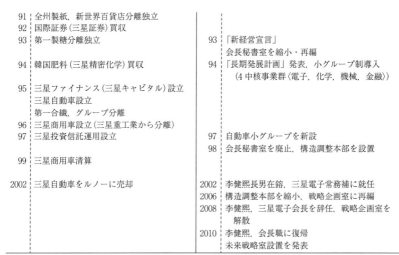

出所）三星会長秘書室 [1998] 他各種報道により筆者作成.

行の資金力をバックに，1950年代後半に三星は資金繰りに窮していた韓国タイヤ，三陟セメント，湖南肥料，安国火災海上(三星火災海上)といった企業を次々と買収して国内屈指の大企業グループに浮上した．

　1961年の朴正熙軍事政権の成立以降，三星グループは不正蓄財処理の対象企業への指定，銀行株式の国家管理への移管といった試練を迎えることになった．それでも三星物産，第一製糖，第一毛織といった既存企業の成長に支えられて，1963年には東邦生命(三星生命)と東和百貨店(新世界百貨店)の買収，同じく1963年のラジオソウル放送(東洋放送)と1965年の中央日報社の設立，同年のセハン製紙(全州製紙)の買収など，積極的に事業を展開させていった．グループ事業の大きな転機となったのが，1969年の日本の三洋電機との合弁による三星電子の設立である．そこで主力製品となったのはテレビであり，一貫生産体制構築のために1969年に電子部品を生産する三星サンヨーパーツ(三星電子部品〈三星電機〉)，1970年にブラウン管を生産する三星NEC(三星電管〈三星SDI〉)，1973年にブラウン管用ガラスバルブを生産する

---

6) 以下，企業名の初出箇所には（ ）内に直近の社名を記した．また，社名に変遷のある場合は（ ）内に併記し，直近の社名を〈 〉に括った．ただし，各グループから分離した企業は分離時点の社名を直近の社名とした．社名に変遷のある場合，本文では基本的に叙述当時の社名を記した．

三星コーニングと，たて続けに外資との合弁企業を設立した．三星電子は白黒テレビからカラーテレビ，さらにVTR，電子レンジなどの輸出によって1970年代から1980年代にかけて急速な成長を遂げた．

1970年代には三星グループは政府の重化学工業化政策に呼応して化学，機械部門への多角化も積極的におこなった．1972年に合成繊維メーカーである第一合繊，1974年に合繊原料を生産する三星石油化学と造船・重機製造の三星重工業をそれぞれ設立した．1977年には中東建設ブームに乗って三星綜合建設を設立して建設業にも進出を図った．

(2) 1980年代後半以降の展開

1980年代前半の時点で繊維，電子から金融，流通まで幅広い分野に多角化を展開していた三星グループだが，1980年代後半以降の成長は半導体事業の成功なしには語り得ないであろう．三星グループは1977年に韓国半導体を買収し，半導体事業進出への足がかりを得ていた．その後身である三星半導体通信はテレビ用ICの生産などをおこなっていたが，1980年代前半からDRAMの開発に着手し，1985年の256KDRAMの生産開始から本格的な量産に入った．1988年には三星半導体通信を三星電子に吸収合併し，半導体を電子事業の中核に据えることを明確にした．海外技術者の積極的な受け入れや規模とタイミングを重視した設備投資戦略により，1990年代初めには三星電子は世界最大のDRAMメーカーとなった．1990年代に三星電子は従来の家電部門でも輸出ばかりでなく北中米，中国や東南アジア，ヨーロッパなど各地に製造拠点を設け，グローバルな生産ネットワークを構築した．こうした生産拠点には部品を製造する三星SDIや三星電機など一部グループ企業が随伴して進出するケースも少なくなかった．三星電子は半導体でも米国テキサス州にDRAM工場を建設して海外生産の足がかりを築いた．

1980年代後半のもうひとつの大型投資はエチレンセンターの建設である．1980年代前半まで石油化学産業の川上部門にあたるエチレンセンターは，参入規制によりSKグループの油公(SK㈱)と大林グループの大林産業のみが事業をおこなっていた．これに対して三星グループは石油化学産業では川下の合成繊維原料であるPTAのみ製造していた．1988年に政府が参入規制緩和の方針を打ち出したことを受けて，三星グループは同年に三星綜合化学を

設立して忠清南道大山にエチレンセンターを建設し，川上部門への参入を果たした．化学産業ではこの他に1967年に手放していた韓国肥料を1994年に買収して再び傘下におさめ，三星精密化学と改称した[7]．続いて三星が着目したのが自動車産業であった．三星の参入計画に対して既存メーカー3社はこぞって反対し，国内ではその是非をめぐって激しい議論が起こった．しかし，参入を制限する有力な手段である自動車産業育成法はすでに廃止されており，反対を押し切って三星グループは1995年に三星自動車，1996年に三星商用車を相次いで設立した．

　1980年代末から三星グループは，金融業の拡張にも積極的であった．既存の保険業に加え，1988年にKOCAカード(三星信用カード〈三星カード〉)，1992年に国際証券(三星証券)をそれぞれ買収して金融事業の強化を図った．この他にも1995年に三星ファイナンス(三星キャピタル)，1997年に三星投資信託運用を設立するなど，三星グループは1990年代後半までに多様な金融ニーズに対応した事業体制を整えることとなった．

3. LGグループ

(1) 創業と成長

　LGグループの創業者である具仁會は，1931年に中農の父親からの援助を受けて，慶尚南道晋州に弟の具哲會と共同で織物卸売と運送業を営む具仁會商会を設立した．その後順調に事業を伸ばし，1940年には株式会社への転換を果たした．解放後の1947年に具仁會は具仁會商会を処分し，具哲會と妻の親族である許準九とともに化粧品のクリームを製造する楽喜化学工業社をソウルに設立した．続いて1952年にはクリーム容器のプラスチック製の蓋を製造するために東洋電気化学工業社を設立し，ここからプラスチック成型機を利用して歯ブラシ，次は歯磨き粉へと事業を多角化していった．1960年に両社は合併して楽喜社(ラッキー〈LG化学〉)となった．

　1958年には電子電気機器を製造する金星社(LG電子)を設立した．翌1959年に国内で初めてラジオの国産化に成功した金星社は，1960年代のラジオ普及運動，及び輸出ドライブ政策の波に乗って急成長を遂げた．政府の経済

---

7)　韓国肥料を手放した経緯については第3章を参照．

表4　LGグループの動き

	系列企業の動き		創業者家族・グループ全体の動き
1947	楽喜化学工業社設立		
52	東洋電気化学工業社設立		
53	楽喜産業(半島商事, ラッキー金星商事〈LG商事〉)設立		
		1956	楽喜化学工業社, ソウル大学法・工学部に卒業生推薦を依頼
		57	楽喜化学工業社, 大卒公開採用を実施
58	金星社(LG電子)設立		
60	楽喜化学工業社と東洋電気化学工業社合併, 楽喜社(ラッキー〈LG化学〉)に		
62	韓国ケーブル(金星電線〈LG電線〉)設立		
67	湖南精油(LGカルテックス精油)設立		
		68	グループ制を宣言(会長：具仁會)
			会長直属に企画調整室設置(室長：許準九)
69	金星通信設立	69	具仁會死去
	ラッキー開発(LG建設)設立		
70	汎韓海上火災(LG海上火災)買収	70	具滋暻(創業者長男)会長就任
	金星アルプス電子(LG電子部品)設立		最高経営協議機構である運営会議を設置(議長：具哲會)
			企画調整室長に具貞會就任(1971年まで)
71	韓国鉱業精錬(LG金属)買収		
72	湖南タンカー(湖油海運)設立		
73	国際証券(LG証券)設立		
74	金星継電設立		
76	金星精密(LG精密)設立		
	ラッキー海外建設設立		
78	ラッキー石油化学(LG石油化学)設立		
	ラッキー海外建設, ラッキー開発と合併		
79	大韓半導体(金星半導体〈LG情報通信〉)買収		
80	釜山投資金融(LG綜合金融)買収		
84	麗水エナジー(LGカルテックスガス)設立		
87	金星産電(LG産電)設立		
	コリアンエクスプレス(LG信用カード〈LGカード〉)買収		
		88	人和苑設立
89	金星エレクトロン(LG半導体)設立, 韓貿開発を傘下に		
90	喜星産業(LG流通)コンビニ事業開始	90	企画調整室の名称を会長室に変更
	東部電子通信(シルトロン)買収		グループ経営憲章, 共通行動規範を制定
91	ラッキーMMA(LGMMA)設立		
94	LG百貨店設立	94	具滋暻会長, 16CU長と覚書調印式
	LGファイナンス(LG割賦金融)設立		
	LGホームショッピング設立		
		95	グループ名をラッキー金星からLGに変更
			系列社名もすべて変更
			具滋暻会長引退, 第3代会長に具本茂就任
			具本茂会長, 17CU長と覚書調印
96	LG創業投資設立		
97	極東都市ガス買収		
	LGテレコム設立		

年	事業再編	年	経営体制
98	LG信用カード,LG割賦金融を吸収統合	98	理事会(取締役会)中心の経営体制に改編 会長室を4組織に分割(構造調整本部,理事会支援室,経営情報チーム,弘報チーム)
99	LG産電,LG金属を吸収統合 LG半導体持株売却 LGニッコー銅製錬設立 LGフィリップスLCD設立 LG証券がLG綜合金融を吸収統合(LG投資証券) LG海上火災系列分離		
2000	デイコム系列編入 LG電子,LG情報通信を吸収統合		
		2001	LG化学を3社に分割,持株会社制への移行開始
2002	現代石油化学グループ編入		
2002	パワーコム買収		
2003	LG電線,LGニッコー銅製錬,LGカルテックスガス,極東都市ガス,LG産電をLG電線グループ(LSグループ)として系列分離	2003	㈱LG設立,持株会社制に移行完了(70名程度) 構造調整本部廃止
2004	LGカード系列分離,実質銀行管理	2004	㈱LGから㈱GSホールディングスを分離(許家独立)

出所) LG [1997],その他各種報道より筆者作成.

開発政策に呼応して1962年に韓国ケーブル(金星電線〈LG電線〉),1967年にアメリカのカルテックス社と合弁で湖南精油(LGカルテックス精油)をそれぞれ設立し,既存の化学と電気関連事業の多角化というかたちで事業を広げていった.

1970年代の金星社はラジオに続いてテレビのトップメーカーとして高成長を持続するとともに,日本企業と手を組んで金星アルプス電子(LG電子部品,1970年)や金星継電(1974年)といった電子電機分野の合弁企業を次々に設立していった.この他にも電線からの川上部門への進出としての1971年の韓国鉱業製錬(LG金属)の買収など関連事業への多角化に積極的であった.

(2) 1980年代後半以降の展開

電子と化学を事業の中核に据えていたLGグループは,1980年代後半以降も両事業の関連多角化を進めた.電子ではLG電子の家電部門が先進国を中心とした輸出に加えて国内販売も好調で,順調に売り上げを伸ばしていた.1990年代に入るとLG電子は三星電子と競うように中国や東南アジア,中南米などに相次いで製造拠点を設け,世界各地で製造・販売を有機的におこなう体制を築いた.家電に加えて電子事業の新たな柱となったのが半導体で

あった．まず1979年に大韓電線グループの大韓半導体(金星半導体〈LG情報通信〉)を買収して事業進出の橋頭堡を築いた．当初はSRAMの開発と量産化をターゲットにしていたが，その後，DRAM事業に経営資源を集中させた．1989年にグループの半導体部門を統合して設立した金星エレクトロン(LG半導体)は，1990年代に積極的な投資をおこなって急成長を遂げた．1990年にはシリコンウェハ製造の東部電子通信(シルトロン)を買収して半導体の一貫生産を図った．この他にも1990年代にはハネウェルやIBMなど外国企業との合弁事業を相次いで立ち上げた．化学部門では，従来のLG化学の合成樹脂原料及びプラスチック事業とトイレタリー事業に加え，川上部門への展開を図った．石油化学産業への投資が自由化される前の1987年に，油公とハンファ石油化学に続く第3エチレンセンターの事業主体にラッキー石油化学(LG石油化学)が政府から選定された．エチレンセンターは1991年に竣工し，念願であった石油精製からプラスチック製造まで化学製品の一貫生産体制を完成させた．これと同時に，自由化政策を受けてMMAポリマー製造事業など石油化学川下部門への投資も積極的におこなった．

　さらに1980年代後半から1990年代にかけては流通部門や金融部門，情報通信部門と，経済のサービス化と金融自由化に対応した事業多角化を積極化させた．1989年にはインターコンチネンタルホテルを経営する韓貿開発を傘下におさめるとともに，1994年に百貨店事業を展開するLG百貨店と通信販売事業をおこなうLGホームショッピングを設立した．金融業ではすでに1970年に買収したLG海上火災，1973年に設立したLG証券と，損保及び証券分野には進出していたが，1987年にコリアンエクスプレス(LG信用カード〈LGカード〉)を買収してクレジットカード事業に参入するとともに，1994年にLGファイナンス(LG割賦金融)，1996年にはLG創業投資と立て続けに金融会社を設立した．情報通信産業では携帯電話の第二次事業者選定で認可を受けて1997年にLGテレコムを設立した．

4. 現代グループ

(1) 創業と成長

　創業者の鄭周永は貧しい農家の出身であったが，1937年に働いていたソウルの米穀商店を譲り受けたことから事業をスタートさせた．その後，自動

表5 現代グループの動き

系列企業の動き	創業者家族・グループ全体の動き
1946 現代自動車工業社設立	
47 現代土建社設立(1950年に現代自動車工業社と合併,現代建設に)	
	1959 現代建設,大卒公開採用を開始
64 丹陽セメント工場竣工(1970年現代セメント設立)	
67 現代自動車設立	
	68 鄭周永,グループ会長に推戴
73 現代造船(現代重工業)設立	
75 現代鋼管設立	
76 亜細亜商船(現代商船)設立	
国際綜合金融(現代綜合金融)設立	
現代綜合商事設立	
77 国逸証券(現代証券)買収	
78 仁川製鉄買収	
大韓アルミニウム買収	
	79 総合企画室を設置
	80 中央研修院(現代人力開発院設立)
83 現代電子設立	
85 東方海上保険(現代海上火災保険)経営権獲得	
	87 鄭世永がグループ会長就任,鄭周永は名誉会長就任
	社長団運営委員会を設置
88 現代石油化学設立	
現代投資顧問設立	
93 極東精油(現代精油)買収	
現代オートファイナンス設立	
現代割賦金融設立	
96 現代ファイナンス設立	96 鄭夢九がグループ会長,鄭夢憲が同副会長就任
	社長団運営委員会をグループ運営会議に改称
	総合企画室に戦略企画チームを設置
97 現代技術投資を設立	
現代先物を設立	
国民投資信託証券(現代投資証券)を買収	
99 現代電子,LG半導体を吸収合併	99 現代百貨店,現代技術金融,金剛(KCC)が系列分離
起亜自動車を買収	鄭夢憲がグループ会長昇格,鄭夢九と共同会長体制
2000 三美特殊鋼を買収	2000 現代自動車グループ(鄭夢九会長),現代重工業グループが系列分離,鄭夢憲が単独会長に
江原産業を買収	
2001 現代建設,現代電子が経営悪化で銀行管理に	2001 鄭周永が死去
	2002 鄭夢憲が死去,妻の玄貞恩が会長就任
	2006 鄭夢九が不正取引事件で逮捕

出所) 現代グループ文化室[1997],その他各種報道により筆者作成.

車修理工場を買収して事業転換を果たした．戦時中の企業整理令によって会社を手放したが，解放後の1946年に改めて自動車修理会社である現代自動車工業社を設立した．官庁や米軍向けの仕事で事業を成功させた鄭周永は，同じく官庁及び米軍関係の需要が多い土建業に目をつけ，1947年に現代土建社(現代建設)を設立した．同社は朝鮮戦争の戦時工事の受注で潤うとともに，その後の復興需要に応えて事業を拡張し，国内有数の建設業者へと飛躍を遂げることになった．1961年に朴正煕政権が誕生して本格的な経済開発がスタートすると，現代建設は高速道路，橋梁，ダムなど社会間接資本の整備や発電所などの建設で活躍をみせ，また早くからタイやベトナムなど海外の建設事業に参加することによりその後のグローバル展開への足がかりを得た．

建設業で資本を蓄積した現代はセメント製造など関連業務への多角化をおこなうとともに，政府の重化学工業化政策にも積極的に呼応した．まず1967年に現代自動車を設立して自動車製造業への進出を果たした．当初は米フォードの乗用車や商用車のノックダウン製造にとどまっていたが，1975年に韓国で初めての国産モデルであるポニーの製造・販売に成功した．続いて政府から請われたこともあって現代造船(現代重工業)を設立して造船業にも進出し，1973年に蔚山造船所を竣工させた．この他にも1970年代には海運と商社(1976年に亜細亜商船〈現代商船〉と現代綜合商事を設立)，金属(1975年に現代鋼管を設立，1978年に仁川製鉄と大韓アルミニウムを買収)と多角化を積極的に進めていった．

(2) 1980年代後半以降の展開

建設業を母体に，自動車産業，造船業などを中心に多角化を展開してきた現代グループでは，1980年代後半からこれらの重化学工業部門が本格的な成長期を迎えた．特に現代自動車は力を入れていた北米向け輸出とカナダ工場建設で一度は躓いたものの，1990年代に入ると欧州やアジア諸国向けに輸出を伸ばすとともに開発途上国を中心に世界各地にノックダウン生産のための工場を建設した．国内販売も好調で，現代自動車はグループを代表する企業となった．さらに現代グループは多角化戦略を積極的に進めた．新たに電子産業に進出すべく1983年に設立した現代電子は，各種メモリ開発の試

行錯誤の末に1986年に256KDRAMの量産体制の構築に成功し，1990年初頭には世界的なDRAMメーカーにまで成長を遂げた．現代電子は1995年には米国オレゴン州でのDRAM工場建設にも着手した．この他に現代グループは重化学工業部門の新たな分野として石油化学産業に進出し，1988年には現代石油化学を設立してエチレンセンターを三星と同じく忠清南道大山に建設した．1993年にはエチレンセンターにナフサを安定的に供給するため，資本参加していた極東精油(現代精油)の残りの持ち分をすべて買い取って傘下におさめた．

現代グループは金融自由化を新たなビジネスチャンスと捉えて，1980年代後半から金融業に積極的に事業を展開したことも注目される．すでに1976年に国際綜合金融(現代綜合金融)を設立し，1977年には国逸証券(現代証券)を買収するなど1970年代から金融関連産業に進出していた．1985年にそれまで出資していた東方海上保険を現代海上火災保険に改称し，増資もおこなって本格的に保険業に参入した．さらに1988年に現代投資顧問，1993年に現代オートファイナンスと現代割賦金融，1996年に現代ファイナンス，1997年には現代先物と現代技術投資をそれぞれ設立するとともに，同じく1997年に国民投資信託証券(現代投資証券)を買収し，金融コングロマリットに向けての動きを加速化させた．

5. SKグループ

(1) 創業と成長

SKグループの創業者である崔鍾建は，解放前には日本資本と朝鮮資本の合弁で設立された人絹織物工場である鮮京織物に勤務していた．鮮京織物はアメリカ軍政府に接収された後，帰属財産として運営されていたが，このとき生産部長であった崔鍾建が払い下げを受け，1956年に鮮京織物(㈱鮮京，SKグローバル〈SKネットワークス〉)をスタートさせた．1962年には輸出ドライブ政策に乗るかたちで香港向け輸出を開始した．1966年にアセテート糸を製造する鮮京化繊を，1969年には日本の帝人と合弁でポリエステル原糸を生産する鮮京合繊(SKケミカル)をそれぞれ設立し，繊維産業の川上部門に進出した(1976年に鮮京合繊は鮮京化繊を吸収合併)．

1970年代に入ってSKグループは1973年の鮮京石油(鮮京化学〈SKC〉)の設

表6 SKグループの動き

	系列企業の動き		創業者家族・グループ全体の動き
1956	鮮京織物(㈱鮮京, SKグローバル〈SKネットワークス〉) 設立		
		1962	崔鍾建の弟崔鍾賢, 鮮京織物副社長に就任
66	鮮京化繊設立		
69	帝人と合弁で鮮京合繊 (SKケミカル) 設立		
73	鮮京石油 (鮮京化学〈SKC〉) 設立	73	崔鍾建死去, 鍾賢が鮮京織物会長, 鮮京合繊・化繊社長に就任
		74	会長直属の企画室を設立
		75	鮮京運営委員会発足 鮮京研修院 (SKアカデミー) 設立
76	鮮京合繊が鮮京化繊を吸収合併	76	企画室を経営企画室に拡大・再編
77	協友産業 (鮮京建設〈SK建設〉) 買収, 三德産業を吸収合併		
		78	鮮京運営委員会を会長直属の最高協議機構と定める. 経営企画室を5部制に拡大再編, 弘報室を独立
80	大韓石油公社 (油公〈SK㈱〉) と興国商社を買収		
82	油公海運 (SK海運) 設立		
85	油公ガス (SKガス) 設立		
89	大韓都市ガスの株式50%取得し経営参与		
91	太平洋証券 (鮮京証券〈SK証券〉) 買収		
94	韓国移動通信 (SKテレコム) 買収		
96	鮮京投資信託運用 (SK投資信託運用) 設立	96	グループ名をSKグループとし, これに伴い各系列社名も変更
97	中央生命 (SK生命) 買収		
		98	経営企画室を構造調整推進本部に改編 崔鍾賢死去, グループ会長に孫吉丞就任
2000	SKテレコム, 新世紀移動通信を吸収合併		
		2003	SKグローバルの粉飾決算事件等を受けて構造調整推進本部を廃止
		2007	SK㈱からSKエネジーを分離, SK㈱を持株会社に

出所) 鮮京グループ弘報室 [1993], その他各種報道より筆者作成.

立によるポリエステルフィルムの事業化，1977年の協友産業(鮮京建設〈SK建設〉)買収による建設業進出など，繊維事業以外への多角化を進めた．特にSKグループにとって大きな転機となったのが1980年の国内最大の国営精油・化学メーカーである大韓石油公社(油公〈SK㈱〉)の買収である．一繊維企業というイメージしかなかった鮮京による韓国有数の公営企業の買収は当時大きな話題を呼び，これを契機にSKグループは大財閥の仲間入りを果たすことになった．

(2) 1980年代後半以降の展開

1980年代後半の石油化学産業における設備新増設の自由化を受けて，油公はエチレンセンターの増設とこれまで参入できなかった川中部門の石油化学誘導品の設備新設をおこなった．これにより，SKグループは既存の織物，合成繊維，同原料及び派生製品の製造と合わせ，悲願であった「繊維から石油まで」の垂直系列化を達成した．

1990年代にもSKグループは事業の拡張を続けて上位グループの仲間入りを果たすことになったが，その大きな原動力となったのは油公買収と同様に公営企業の払い下げであった．1994年にSKグループは韓国最大の無線通信事業者であった韓国移動通信(SKテレコム)を買収した．同社は当時広く普及していた無線呼び出し事業でトップシェアを握っていたが，1996年には国内で初めてデジタル携帯電話事業をスタートさせてここでもシェア争いで独走し，油公とともにグループの中核企業となった．

さらにSKグループはエネルギー事業での垂直統合も積極的に進めた．1985年にLPガスの輸入販売を目的に油公ガス(SKガス)を設立し，1989年に大韓都市ガスの株式を50％取得して実質傘下におさめるなど，1980年代後半からエネルギー部門の強化を図っていたが，1990年代半ば以降は地域のガス，石油販売会社を次々に買収し，エネルギー販売のネットワーク構築に着手した．この他にSKグループは金融自由化のなかで新たに金融業にも進出を図り，1991年に太平洋証券を買収して鮮京証券(SK証券)と改称するとともに，1996年には同社出資により鮮京投資信託運用(SK投資信託運用)を設立した．経済危機直前の1997年には新たに中央生命を買収して社名をSK生命とした．

第1章　韓国経済の構造変化と財閥の成長

小　括

　以上でみてきたように1980年代後半以降の韓国経済は，賃金の上昇と経済の自由化という与件の変化を受けて，重化学工業の本格的成長と内需産業の勃興という産業構造の変化を経験した．そのなかにあって財閥，特に三星，LG，現代，SKの4大グループは規模を急速に拡大させた．それは第1には，グループ内の既存の重化学工業部門が本格的な成長軌道に入ったことを意味していた．三星では電子，LGでは電子と化学，現代では自動車と造船，SKは石油精製・化学の各部門がそれにあたる．1960年代以降，政府の産業政策や諸規制の下で成長を遂げてきた財閥だが，既存の重化学部門の企業は政府の保護がなくても国際市場で競争力を持つまでに成長を遂げたのであった．さらに各グループは経済自由化の機会を捉えて，自社が未参入の重化学工業部門や，新たな業態が勃興していた金融業，情報通信産業に積極的に新規参入を図った．その結果，各グループとも1990年代に入ってから規模だけでなく事業範囲も拡大することになった．

　それでは，事業規模と範囲の拡大のために必要となった資金，特にリスクマネーである資本金をグループ内でどのように確保したのであろうか，またいかにして拡大に伴って生じる組織非効率性に対処し，必要な人材を確保したのであろうか．以下の章ではこれらの問題を明らかにしていく．

第2章
所有構造とグループ内出資の変化

　第1章で論じたような1980年代後半から通貨危機までの財閥の事業拡大がなぜ可能だったのか，本章では財閥におけるグループ内での資本配分機能，すなわち系列企業間の出資行動について論じる．企業が事業を拡大する際に必要となる資金の調達には様々な方法があるが，企業グループ内の系列企業にとってグループ内出資は重要な資金調達の手段のひとつであり，特に金融自由化から間もなく金融・資本市場が不完全な状況において，新規事業を立ち上げる際のリスクマネーとしてその役割は非常に大きいといえる．以下では，まず韓国財閥の出資関係＝所有構造の特徴として，ピラミッド型の構造ではあるが持株会社が存在せずひとつの企業に複数企業が出資する複雑な形態になっている点を指摘して，その要因として公開企業が多いという韓国財閥の特徴を論じる．次に，財務データ[1]から1980年代後半からの財閥内部でのグループ内出資の実態を分析して，出資企業の主役が所有構造上のピラミッド上位から中下位企業に移っていること，これが産業構造の変化に伴ってグループの収益センターが移動したことに伴う変化であることを指摘する．さらに，以上のようなグループ内出資に支えられた4大グループの事業拡大は比較的良好なパフォーマンスを伴うものであったことを確認する[2]．

---

[1] 必要な財務データは韓国信用情報評価㈱のオンラインデータシステムであるKISLINEから入手した．

[2] 出資と並んでグループ内で実質的に内部資本市場の役割を果たしていたものとして系列企業間の債務保証の存在がしばしば指摘される．韓国企業は負債比率が高い傾向があり，第5章で指摘するように4大グループも例外ではない．その意味で債務保証の役割も大きかったと考えられるが，独占禁止法(独占規制及び公正取引に関する法律)で系列企業への債務保証を一定限度内に制限した(1993年に自己資本の200％以下，1996年には同100％以下)．それもあって上位グループの系列企業間債務保証額は，三星グループの場合1993年4月の17兆2000万ウォンから1997年4月の3兆ウォン，LGグループは同9兆2000万ウォンから2兆4000万ウォン，現代グループは同31兆9000万ウォンから10兆1000万ウォン，SKグループは同1兆3000万ウォンから8000万ウォンへとそれぞれ大幅に減少している．そのため少なくとも1990年代半ばには系列企業間債務保証の役割は限定的であったと考えられる．それ以前の1990年前後の時期には重要であった可能性はあるが，残念ながら信頼に足るデータを得ることができなかった．今後の課題としたい．なお，1997年時点での上位グルー

第2章　所有構造とグループ内出資の変化

第1節　1980年代後半の所有構造

1．4大グループの所有構造

　以下ではまず1980年代後半の三星，LG，現代，SKの各グループの所有構造を確認しておきたい[3]．三星グループはこの時点で，すでに多層的な所有構造を持っていた(図4)．創業者家族の出資比率が高い第一製糖と新世界百貨店が三星生命の持株の52%を保有している．ただし，三星生命は新世界百貨店の株式4.9%を保有しており，この時点では直接的な持ち合いとなっている．また，ここでは明らかでないが，三星生命にも創業者家族が多く出資しているとみられる．三星生命が三星物産と第一毛織，三星電子の最大株主となっており，三星生命を含むこれら4社がさらにその他の三星の系列企業に出資する構造となっていた．

　LGグループも1986年時点ですでに，すべて図示することが困難なほど複雑な所有構造となっていた．まずグループの母体企業と言えるラッキー(LG化学)が金星社(LG電子)に出資し，この2社がラッキー金星商事(LG商事)，喜星産業(LG流通)，金星電線(LG電線)といった企業に出資し，これら企業がさらに他の系列企業に出資するという多段階の出資構造となっていた(図5)．しかし，全体としてグループ内の出資比率は低い．この時点での創業者家族の各系列企業への出資比率は，汎韓海上火災(LG海上火災)以外では明らかではないのだが，創業者家族はラッキー，金星社，ラッキー金星商事，喜星産業といった企業に出資をしていたとみられる．またラッキーも湖油海運，汎韓海上火災から出資を受け入れており，迂回したかたちでの株式の持ち合い，いわゆる「循環出資」がこの時点ですでにおこなわれていることがわかる．

プの系列企業間債務保証については，参与連帯参与社会研究所経済分科[1999：591-595]にデータが掲載されている．系列企業間債務保証の実態についてはイビョンギ[1998]も参照．
[3]　通貨危機以降，財閥の株式所有構造に関する研究が活発におこなわれているが，それ以前は決して多くない．その理由は資料の入手困難さにあり，特に1985年から1996年まで上場企業であっても事業報告書に主要株主を記載しないことが多く，実態把握が困難であったことがあげられる．また1980年代は株主から株式の預託を受けた証券会社等が主要株主の筆頭として発表されるケースも多く，正確な所有比率の把握が難しい．数少ない研究成果として服部[1982a][1994a]，鄭安基[2000]がある．本書では，正確性及び網羅性に問題はあるが証券会社等への申告をもとにしたKISLINEのデータを使用した．

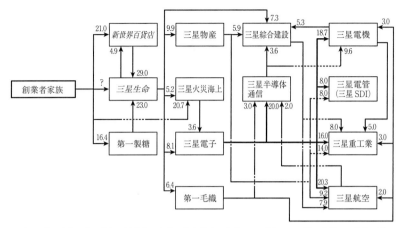

注) 数値は持株比率．社名が斜体字の企業は株式非公開企業．？は過去やその後の実態から持株関係があるとみられるが比率は不明．その後三星建設は三星物産に，三星半導体通信は三星電子に吸収合併．
出所) KISLINE データより作成．

図4 三星グループ主な系列企業の出資関係図（1987年決算基準）

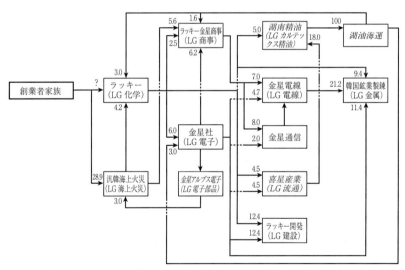

注) 数値は持株比率．社名が斜体字の企業は株式非公開企業．？は過去やその後の実態から持株関係があるとみられるが比率は不明．他にも創業者家族はここにある系列企業の多くに出資しているとみられるが，詳細は不明．
出所) 図4と同じ．

図5 LGグループ主な系列企業の出資関係図（1986年決算基準）

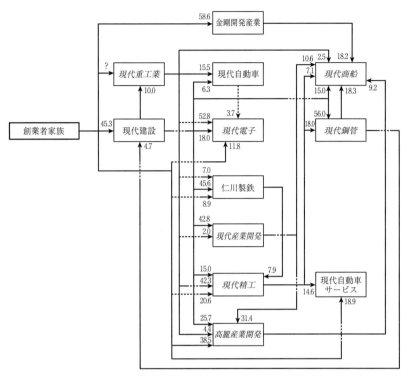

注）数値は持株比率．社名が斜体字の企業は株式非公開企業．？は過去やその後の実態から持株関係があるとみられるが比率は不明．
出所）図4と同じ．

図6 現代グループ主な系列企業の出資関係図（1987年決算基準）

　現代グループの所有構造は，創業者である鄭周永及びその家族が母体企業である現代建設に出資し，現代建設と創業者家族が現代重工業の持株を保有している（図6）．さらに現代建設と現代重工業が他の系列企業の主要な出資者となっている．創業者家族は2社以外にも多数の系列企業の株式も保有しており，現代精工や現代産業開発といった企業も他の系列企業に出資している．

　SKグループは1988年時点では他グループと比べて規模が小さく，所有構造も比較的単純である（図7）．創業者家族が母体企業である㈱鮮京（SKグローバル），及び鮮京化学（SKC），鮮京合繊（SKケミカル）という1970年代からの主力企業の最大株主となっており，やはり家族が最大出資者とみられる鮮

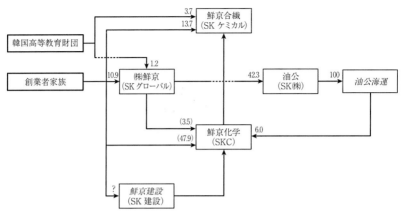

注) 数値は持株比率. ( ) 内の数値は1999年8月時点の持株比率. 社名が斜体字の企業は株式非公開企業. ? は過去やその後の実態から持株関係があるとみられるが比率は不明.
出所) 図4と同じ.

図7 SKグループ主な系列企業の出資関係図(1987年決算基準)

京建設(SK建設)と韓国高等教育財団がこれを補完している. これら主力3社の間にも出資関係がみられる. 1980年に買収した油公(SK㈱)は㈱鮮京が約42%の株式を保有している.

2. 企業公開と分散的所有構造

以上でみたような韓国財閥の所有構造は, 戦前の日本の財閥や多くの開発途上国のビジネスグループと比べるとどのような特徴があるだろうか. いずれも創業者家族を頂点とするピラミッド型の所有構造を形成している点では共通している. しかし, 多くのビジネスグループの場合, 創業者家族もしくは彼らが出資した持株会社がすべての系列企業に出資してひとつに統合している. これに対して韓国の財閥には持株会社が存在せず, 多くの系列企業が他の系列企業に出資をおこなうことによって, 非常に錯綜した所有構造を形成している. 韓国では戦後の日本に倣うかたちで, 1987年の独占禁止法上で純粋持株会社の設立を原則的に禁止した(同法第7条の2. 運用は1988年より). しかし, 韓国の主要財閥ではそれ以前からグループが拡大するなかでも持株会社を設立していなかったことは, 図4から図7までから明らかである.

韓国の財閥が持株会社を設立せずに複雑な所有構造を持つに至った要因と

しては，各グループとも系列企業の株式公開を積極的に進めつつ急速に拡大してきたことがあげられる．積極的な株式公開の背景には政策的な強い後押しがあった．1970年代前半から韓国政府は企業の財務体質の強化のために株式公開を促進する政策を実施した．特に，1976年の証券取引法の改正によって，上場時に発行株式数の10％を超えて保有していた株主，つまり支配株主ならびにその友好株主は上場時の比率を超過して株式を取得できなくなったが，それ以外の株主も新たに10％を超えて株式を保有することが制限された(同法第200条)．これによって対抗株主が出現する恐れが少なくなったため，オーナー経営者は積極的に株式を公開し，内部所有比率を引き下げた．他方，急速な経済成長のなかで次々に生まれる事業機会を捉えるべく，財閥は新たな系列企業の設立や既存企業の拡大を急ピッチで進めた．しかし，そのための資本を既存企業の収益から株式配当によって吸い上げて持株会社等に集約して再投資しようとすると，株式を公開して所有比率を引き下げているために収益の多くが外部株主への配当としてグループ外に漏れてしまう．それを防ぐために，各財閥は既存の系列企業から他の系列企業に直接出資をおこなった．また財閥内のひとつの系列企業が他の系列企業に多額の出資をすると出資先企業の破綻リスクが出資した企業に直接及ぶことになってしまう．そのため，ひとつの系列企業には事業分野を問わず複数のグループ内企業が出資するようになったとみられる[4]．

第2節　グループ内の出資フロー

以下では1980年代後半以降の財閥の拡大過程において，各財閥がグループ内でどのように資本を移転させたのか，グループ内出資の実態を明らかにする．ここではグループ内系列企業の事業報告書に記載されているグループ内の他企業への出資残高(ストック)の差額から，各企業への出資額(フロー)をみていく．この方法では，無償増資や株式配当といったかたちでの出資増や

---

[4] 服部民夫も，三星半導体通信の株主分布が三星電子だけでなく三星物産，第一製糖など業分野を越えていることについて，「新分野への進出に伴う危険を分散しているのではないか」と指摘している(服部[1988: 87])．これに対して遠藤敏幸は，系列企業間での所有関係や債務保証の「相互性」が複雑かつ緊密であるほど財閥の結束は強まり，この「相互性」こそが財閥の力の源泉であると主張している(遠藤[2006])．

第 2 節　グループ内の出資フロー

資産再評価による出資残高の上昇といった要因を完全に排除することができないという問題があるが，以下ではこの限界を踏まえつつ，出資行動の実態に接近していきたい[5]．

1. LG グループ

　LG グループは所有構造が 1980 年代後半の時点で極めて複雑な上に，出資残高の変化と実際の出資額に違いが生じているケースが散見されるため，こうした違いが比較的小さい新設の企業に限定して議論を進めていく(表 7)．1987 年から 1993 年の間の新設企業への出資をみると，LG 電子から LG 半導体や LG 産電，LG ソフトウェア，LG ハネウェルに，LG 化学から LG ファイバーグラス，LGMMA，シルトロンになど，LG 電子と LG 化学からそれぞれ自社の事業と関連のある系列企業への出資が多くを占めていた．しかし，LG 半導体には LG 建設や LG 電線なども出資しており，また金融会社である LG 信用カードには化学，電子，建設，商事など非金融部門の主要企業が揃って出資をおこなっていた．新設企業への出資では LG 電子の出資額が抜きん出ており，それまで最大の出資企業であった母体企業である LG 化学の出資額は少額にとどまっている．ただし，この時期に LG 化学は石油化学産業での設備投資競争に対応するため，自社にある石油化学川下部門の増強に加えて，川上部門の 100% 子会社である LG 石油化学の大幅な増資に応じていた点には留意する必要がある．

　続いて 1994-97 年をみると，移動通信の LG テレコム，流通の LG 百貨店，LG ホームショッピング，エネルギーの LG エナジー，極東都市ガス，金融の LG 割賦金融，LG 創業投資と多様な新規事業を展開しているが，グループ系列企業が事業との関連性を問わず出資をおこなっていることがわかる．出資企業のなかではやはり LG 電子が抜きん出た存在となっている．LG 半導体と LG 信用カードなど，1987-93 年に新たに設立された企業が依然として多くの出資を受け入れつつも，早くもこの時期にグループの出資企業の主

---

[5] 出資残高の変化で出資額をみる場合の誤差は無視し得ないが，1980 年代後半にいくつかみられる無償増資の例は額面発行時の株式発行超過金を資本金に転換するための場合が多く，実際の資金移転がおこなわれているケースが多いこと，資産再評価をおこなったケースは 1997 年を除くと少ないとみられることから，重大な問題は生じないと判断した．また明らかに資産再評価の影響と判断される出資残高の変化はその旨付記した．

表7 LGグループ新設企業への主な出資残高の変化

(1987-1993年) (百万ウォン)

出資企業 出資受入企業	LG電子	LG化学	LG建設	LG電線	LG商事	LG情報通信
LG半導体	161,334		12,573	23,095		15,377
LG産電	26,622					
LG信用カード	21,607	14,431	6,491		3,246	
LGファイバーグラス		20,000				
LGMMA		12,000				
シルトロン		11,481				
LGソフトウェア	3,500					
LGハネウェル	2,500					
計	215,563	57,912	19,064	23,095	3,246	15,377
LG石油化学		176,000				

(1994-1997年) (百万ウォン)

出資企業 出資受入企業	LG電子	LG化学	LG建設	LG電線	LG商事	LG情報通信	LG産電	LG半導体	LG信用カード
LG割賦金融	48,000			6,000			12,000		54,000
LGテレコム	25,869					74,100		46,564	
LG-IBM PC	11,907								
LG百貨店	16,500			16,500	20,000		36,000		
LG創業投資	15,000			15,000					
LGホームショッピング						5,080			
LGエナジー					4,500			6,000	
極東都市ガス	86,250			19,950					
LGインターネット	10,000			5,000					
LGドーム	30,000	30,000		20,000				20,000	
計	243,526	30,000		82,450	24,500	79,180	48,000	72,564	54,000
LG半導体	129,145			-2,637		96,384	-15,377	18,959	
LG信用カード	17,383	7,878	3,544		-3,246				

出所) 図4と同じ.

役として登場していることは注目される[6].

2. 現代グループ

　表8は1988年から1997年までの現代グループにおける新設企業及び主要企業に対する出資企業別出資残高の増加分を示したものである．新設企業をみると，この時期の出資先として大きな存在であったのは現代石油化学と現代精油であった．第1章でみたように，現代石油化学は1988年に新たに設

---

[6] 同じくLG産電も設立間もなく有力な出資企業として浮上しているが，これは多くのグループ内系列企業に出資をおこなっていたLG継電とLG機電を吸収合併したことの影響が大きい．

表8 現代グループ内系列企業の主な出資残高の変化(1988-1997年) (百万ウォン)

出資企業	現代重工業		現代建設		現代電子		現代自動車		仁川製鉄	
出資受入企業	88-93	94-97	88-93	94-97	88-93	94-97	88-93	94-97	88-93	94-97
現代石油化学	147,899	24,724	30,097			42,359	24,675	35,653	36,011	-10,681
現代精油	128,487	37,069	29,384	7,099		10,146		31,242	33,420	8,075
現代精油販売		64,800								
現代宇宙航空		29,750								
現代割賦金融				16,663		12,917		45,150		
国民投資信託証券						103,860				
現代情報技術						40,000				
計	276,386	156,343	59,481	23,762		209,282	24,675	112,045	69,431	-2,606
現代建設									19,242	2,677
現代重工業			33,517	-3,496				45,150	-2,000	
現代自動車	19,943	23,201	5,867	-9,125	6,273	6,273	1,346	-1,346		
現代電子	-85,751	30,408	26,100	142,460			27,775	-12,000		
計	-65,808	53,609	65,484	129,839	6,273	6,273	29,121	31,804	17,242	2,677

出資企業	現代産業開発		現代自動車サービス		現代商船		合計	
出資受入企業	88-93	94-97	88-93	94-97	88-93	94-97	88-93	94-97
現代石油化学	27,233		22,629	216			288,544	92,271
現代精油	20,416	4,933			14,022	-5,387	225,729	93,177
現代精油販売								64,800
現代宇宙航空		371						30,121
現代割賦金融				45,150				119,880
国民投資信託証券								103,860
現代情報技術					520	8,500	520	48,500
計	47,649	5,304	22,629	45,366	14,542	3,113	514,793	552,609
現代建設	-770		6,849	11,617			25,321	14,294
現代重工業			500	19,666	8,130		40,147	61,320
現代自動車							33,429	19,003
現代電子	-19,671		2,136		25,402	6,000	-24,009	166,868
計	-20,441		9,485	31,283	33,532	6,000	74,888	261,485

出所) 図4と同じ.

立され,その後の国内石油化学産業での設備投資競争のなかで多額の投資資金を必要としていた.また現代精油は1993年に極東精油を買収して傘下に置いたものである.この他にも1990年代半ばには現代割賦金融,国民投資信託証券など,金融関連の新規設立や買収のために多額の出資をグループ内でおこなっていたことがわかる.これらの企業に対しては現代重工業,現代建設といった従来の主要な出資企業が多額の出資をおこなっているが,これに加えて現代自動車,現代自動車サービス,現代商船などが新しい出資企業として出現し,いずれも自らの業種との関連性を問わず新規企業の設立に資本参加している.特に現代電子が,1994年から1997年までという短い期間に多額のグループ内出資をおこなっている点は注目される.現代電子は

1990年代半ばの半導体景気に対応して設備拡張をおこない，依然として資本の主な受け手としてグループ内企業から多額の出資を集めてもいる．グループのピラミッド型所有構造で上位にある現代建設と現代重工業も増資をおこなっているが，この増資に創業者家族のみでは対応できないためか，現代自動車や現代自動車サービス，仁川製鉄など従来のピラミッド構造において下位の企業が出資をおこなうようになっている．

3. SKグループ

SKグループの出資側企業別の出資残高の変化をみると(表9)，1989年から1993年にかけてはSK㈱が自らの事業に関連する流通部門(SKエナジー販売)やその他関連エネルギー・化学部門への新規設立(SKオクシケミカル等)，買収(大韓都市ガス)のためにおこなう投資が主であった．その他にはSKグローバルがSK㈱への出資額を減らし，代わってSKケミカルが新たにSK㈱への出資をおこなっていることが目立つ程度である．

1994年から1997年にかけての最大のグループ内出資は1994年の韓国移動通信(SKテレコム)の買収である．従来SKグループには通信部門はもちろん，それに関連する事業もグループ内には存在しないなかで，多くの系列企業が資本参加することになった．SKC，SKケミカルといった従来の所有構

表9 SKグループ内系列企業の主な出資残高の変化(1989-1997年) (百万ウォン)

出資企業 出資受入企業	SK㈱		SKC		SKケミカル		SKグローバル		SKテレコム	SKエナジー販売・SKガス	
	1989-93	1994-97	1989-93	1994-97	1989-93	1994-97	1989-93	1994-97	1995-97	1989-93	1994-97
SK㈱				9,827	19,461	27,607	-12,584	5,394			
SKケミカル			6,611	-7,464							
SKグローバル									7,539		
SKテレコム	400	374,633		5,852		26,799					21,450
SKエナジー販売	27,000										
SKガス		3,335									954
SK海運	7,759	-1,979					5,173	-164			
SKオクシケミカル	85,000	-40,000									
油公エラストマー	26,400	-26,400									
釜山都市ガス	9,742	13,948								984	1,241
大韓都市ガス	35,000	-9,915							27,368		
SK生命				2,000				2,000			10,500
韓国M&Mネットワーク									20,000		
SKキャピタル									50,000		
その他	14,523	-486		1,817		2,450	1,664	6,631	11,945		
計	205,824	313,136	6,611	12,032	19,461	56,856	-5,747	13,861	116,852	984	34,145

出所) 図4と同じ．

造の上位ランク企業も出資しているものの，最大の出資者は出資構造上では下位にある SK㈱であった．

SK テレコム以外のこの時期の新規投資としては 1997 年の中央生命(SK 生命)の買収があり，SKC，SK グローバル，SK ガスが出資している．また 1994 年に買収した SK テレコムが早くも出資側の企業として出現しており，既存企業への出資をおこなうとともに 1995 年に 100％ 出資で金融会社 SK キャピタルを設立している．表 9 からはわからないが，SK キャピタルは中央生命買収に際して 7％ を出資している．

4. 三星グループ

三星グループの場合，グループ内の出資関係で大きな位置を占めている三星生命をはじめグループ内の金融会社の出資額に関する十分な情報を得ることができない．そこで，ここでは 1980 年代後半以降の新設企業に対する出資比率とその変化からグループ内出資企業のあり方をみていく．表 10 から，多くの系列企業が新規企業の設立に資本参加していることがわかる．しかも，金融系列企業から三星証券への出資を除くと，やはり出資関係は事業の関連性とは関係なく広範囲におこなわれている．この時期に最も多くの出資を集めたとみられるのは 1995 年設立の三星自動車であり，1997 年 2 月までに資本金は 8054 億ウォンに達しているが，同社には三星電子，三星電機，三星 SDI など電子関連の系列企業が多く出資している．1988 年設立の三星綜合化学も 1994 年までに資本金が 4600 億ウォンまで拡大し，三星物産，三星電機，三星 SDI，三星航空(三星テックウィン)などが主な出資者となっている．しかし，図 4 で示した所有ピラミッド構造の上位にあった第一製糖や新世界百貨店は新規企業への出資には参加していないか，当初参加した後に資金を引き上げている．またここでは表れていないが，既存の出資先企業からも出資を回収していた．これは第 3 章で論じるが，2 社が創業者家族内での世代交代に伴う財産分与によってグループからの分離を準備していたことによるものとみられる．やはり従来は主要出資企業であった三星生命も，新たに出資した企業は三星証券と三星精密化学のみであり，他の出資企業と比べて出資比率も高いとは言えない．これら企業に代わって，三星電子，三星電機，三星 SDI といった電子関連の系列企業が出資企業としてプレゼンスを高め

表10 三星グループ新設企業への出資比率

出資受入企業		三星物産(建設)	三星電子	三星電機	全州製紙	三星SDI	三星航空	第一毛織
三星綜合化学	90.7	20.6	17.1	15.6	13.3	9.1	6.0	
	97.12	37.7	3.8	10.3		10.4	25.9	0.9
三星信用カード	88.7		40.0	26.0	15.0			
	97.12		54.4	21.5				
三星BP化学	89.12							
	97.12					29.2		
三星証券	94.3							3.1
	98.3	1.3						
三星精密化学	94.12	6.8				13.5		9.5
	97.12	6.2	9.3	0.3		12.7		3.5
三星キャピタル	97.12	25.0	74.7					
三星自動車	96.12		30.6	8.8		10.8		

注) 三星綜合建設と三星物産は合併以前も両社の合計値を三星物産に記載.斜体字の受入企業名は株式非公開企業を示す.
出所) 図4と同じ.

ている.表10にあげた新設企業7社のうち5社では,これら電子関連企業の出資比率の合計が3分の1以上となっている.

5. 複数企業による出資と出資総額制限

以上からわかるように,1980年代後半から1990年代後半の時期においても,韓国の主要財閥ではひとつの系列企業に対して必ずしも事業上関連のない複数の系列企業が出資をおこなうことによって拡大を遂げた.先に述べたように,グループの主要企業が株式を公開しているなかで,出資企業に資金を集約させようと配当をおこなうことは,グループ外部に資金を流出させる結果となる.また1988年から独占禁止法の改正により純粋持株会社の設立が禁止されたため,法的にも持株会社を通じてグループ内資金配分をおこなうことが不可能になっていた.その結果,事業会社が直接グループ内の他企業に出資をおこなう必要に迫られるなかで,出資事業会社へのリスクを軽減させるために複数の事業会社がひとつの系列企業に出資をおこなう形態が継続することとなったと考えられる.

グループ内における複数企業出資を促したもうひとつの制度的な要因として,同じく1987年の独占禁止法の改正で導入された出資総額制限をあげることができる.同制度は,大規模企業集団に指定された企業グループの系列企業が,海外を除く他企業の株式を自らの純資産額の40%を超えて保有し

(%)

新世界百貨店	三星綜合化学	三星精密化学	三星生命	中央開発	三星火災海上	三星信用カード	三星キャピタル	新羅ホテル
15.0								
	49.0							
		19.8						
			9.7	3.1	2.8			
			10.0		10.0	5.2	3.0	
			9.5		7.0			
			3.4					2.5
				1.8				

表11 財閥主力企業の出資総額比率(1994年末)(百万ウォン, %)

	現代重工業	LG化学	SK㈱	三星電子	三星物産
出資額(a)	648,550	395,764	693,532	314,679	136,408
純資産額(b)	1,852,478	1,024,534	1,692,066	2,847,108	320,017
a/b	35.0	38.6	41.0	11.1	42.6

注)独占禁止法で規定された出資額及び純資産額の算定方法とは厳密には異なる.
出所)図4と同じ.

てはならないとするものであった．表11は1994年末時点の各グループの主要企業の純資産額及び株式保有額の合計とその比率を示したものである．同年の独占禁止法の改正により1995年から出資総額制限の比率がそれまでの40％から25％に引き下げられることになっていた．表11にある企業ではすでに出資比率が制限ぎりぎりか，もしくはそれを超過していることがわかる．各財閥が新たにグループ内に資本を移動させる場合は，これら企業の純資産の充実と合わせて，同比率が低い企業からの出資もおこなう必要に迫られたと考えられるのである．

第3節　資金需給と出資フロー

前節の分析結果からは，グループ内の多くの系列企業が出資に参加していることと合わせて，従来のピラミッド型所有構造の上位の企業に加えて中

位・下位企業が出資企業として台頭し，中位・下位企業の方がむしろ上位よりも多く出資するケース，新設企業がすぐに資本の出し手となっているケースも少なくないことも観察できた．現代グループでは従来のピラミッド型構造の上位にある現代建設や現代重工業に加えて，現代自動車や現代電子が多くの出資をおこなうようになっている．LGグループの場合はピラミッドの頂点にあるLG化学と並んで下位のLG電子が，SKグループでは上位のSKケミカルやSKCよりも下位のSK㈱が，それぞれ中心的な出資企業となっている．三星グループはピラミッド上位の第一製糖と新世界百貨店がグループから独立したこともあるが，それに次ぐ出資企業であった三星生命よりも三星電子が主な資本の出し手となっている．

その背景には各グループにおいて所有構造上の中下位企業がグループの収益センターとなっているという事情が考えられる．そこで以下ではグループ内での各系列企業の出資行動と資金事情の関係についてみていく．各企業の資金需給をみるために，ここではキャッシュフロー計算書，及びキャッシュフロー計算書の前身である財政状態変動表をキャッシュフロー計算書の形式に合わせて変形したものを示す．財政状態変動表における「純運転資本」は，キャッシュフロー計算書における現金と短期資金が区別されずに合算されていることなど，2つの表には大きな違いがあり単純な比較はできないが，各社の大まかな資金状態は把握することができる[7]．

1．LGグループ

表12①はLGグループの主な出資企業の資金需給を示している．プラスは運転資本もしくはキャッシュフローの流入を，マイナスは流出を示している．1988-93年の時点ではグループの母体企業であり所有ピラミッドの頂点に位置するLG化学と，それに次ぐ存在であるLG電子は当期純利益を中心とした「営業活動による純運転資本の増加」，すなわち営業活動による資金

---

[7] 株式を上場している非金融会社は1994年度の決算から財政状態変動表の代わりにキャッシュフロー計算書を公表するようになっているが，非上場で外部監査が義務付けられている非金融会社における財政状態変動表からキャッシュフロー計算書への切り替えは1995年からである．また金融会社は1980年代からキャッシュフロー計算書を公表している．このように時期によっては企業ごとに資金需給の公表形態が異なるため，厳密な比較が難しいことを予め断っておきたい．

表12　4大グループの主な系列企業の資金需給表

① LG
1988-1993 年[1]　　　　　　　　　　　　　　　　　　　（10億ウォン）

	LG 化学	LG 電子
営業活動による純運転資本の増加(+)	1,245	1,602
当期純利益(+)	342	193
配当収入(+)	35	17
投資活動による純運転資本の増加(-)	-2,195	-2,731
固定資産の純増(-)	-1,678	-1,671
関係会社有価証券の増加(-)	-281	-395
財務活動による純運転資本の増加(+)	721	932
固定負債の純増(+)	366	461
有償増資(+)[2]	487	539
配当金支払(-)	-148	-84
純運転資本の増加(+)	-229	-197

1994-1997 年　　　　　　　　　　　　　　　　　　　（10億ウォン）

	LG 化学	LG 電子	LG 半導体
営業キャッシュフロー(+)	1,062	2,225	3,490
当期純利益(+)	194	321	956
配当収入(+)	26	110	1
投資キャッシュフロー(-)	-2,653	-4,257	-7,140
有無形リース資産の純取得(-)	-2,105	-2,533	-5,880
投資有価証券の純取得(-)	-222	-795	-537
財務キャッシュフロー(+)	2,073	2,473	3,894
固定負債の純増(+)	2,695	4,632	3,975
有償増資(+)	139	146	200
配当金支払(-)	-117	-134	-156
現金の増加(+)	482	441	244
＊特殊関係者有価証券の純取得(-)（1994-1996 年）	-85	-380	-238

注）　各純運転資本及びキャッシュフローの増加の内訳は主なものを示しており，合計額とは一致しない．
　　1) 財政状態変動表をキャッシュフロー計算書と同様の形式に編集している．
　　2) 株式発行超過金を含む．
出所）　図4と同じ．

獲得で同程度の能力を持っている．しかし両社ともそれだけでは「固定資産の純増」で表れている設備投資その他の投資をまかなうことができず，社債の発行を中心とした「固定負債の純増」や「有償増資」といった財務活動を通じて資金を調達している．特にこの時期は有償増資が多い．その上で，やはり両社とも固定資産への投資と並んで「関係会社有価証券の増加」，すなわち関係会社への出資をおこなっている．その多くはグループ内系列企業向けと考えられる．図5でみたように同社は多くのグループ内系列企業にこれまで出資をおこなっており，グループの持株会社的役割を果たし，そこから

配当収入を得ている．しかし，それだけでは系列企業への新たな出資をカバーすることはできず，その他自社の営業及び財務活動による資金獲得に依存していることがわかる．

1994-97年の期間になるとLG電子はLG化学の2倍の営業キャッシュフローを稼ぐようになっている．また両社とも「固定負債の純増」を主な源泉とした財務キャッシュフローの流入がみられる．他方，やはりLG化学とLG電子は同規模の「有無形リース資産の純取得」をおこなっているが，その多くは設備投資であると考えられる．結局，やはり配当収入が少ないなかで，営業キャッシュフローの規模の違いを反映して「投資有価証券の純取得」はLG電子の方がLG化学より多くなっている．このなかにはグループ企業以外への出資，それに海外法人への出資が多く含まれている点に留意する必要があるが[8]，この時期にLG電子がLG化学よりも他の系列企業に多く出資したとみられることは前節で示した通りである．

その一方で，この時期にグループ内出資を増やしていたひとつの企業がLG半導体である．同社は1989年の設立だが，1994-1995年の半導体景気の好調に支えられて，LG電子やLG化学を上回る営業キャッシュフローを稼いでいる．固定資産への投資に充当するために固定負債を中心に多額の資金調達をおこなっているが，こうした多額のキャッシュの流入をもとにグループ内出資企業としての役割も担うこととなったのである．

2. 現代グループ

表12②は現代グループの主要企業の資金需給を示している．グループ内の出資企業として新たに台頭した現代自動車は，同表からわかるように1988年から1993年の期間では営業活動による資金獲得能力では圧倒的なプレゼンスをみせている．しかし，同社はそれだけでは「固定資産の純増」で表れている設備投資その他の投資をまかなうことができず，社債や長期借入金などの固定負債の増加や有償増資といった財務活動を通じて資金を調達している．これら営業活動と財務活動によって得た資金から現代自動車は，

[8) 表12①の1994-1997年下段の「特殊関係者有価証券の純取得」がグループ内企業への出資（海外子会社を含む）にあたるが，最もグループ内出資が多かった1997年の値が各社とも含まれていない．

表12 ② 現代
1988-1993 年[1]　　　　　　　　　　　　　　　　　　　　　　　　(10億ウォン)

	現代建設	現代重工業	現代自動車
営業活動による純運転資本の増加(+)	295	1,545	3,408
当期純利益(+)	30	693	291
配当収入(+)	36	65	26
投資活動による純運転資本の増加(−)	−695	−2,286	−4,204
固定資産の純増(−)	−557	−674	−2,712
関係会社有価証券の増加(−)	−139	−266	−203
財務活動による純運転資本の増加(+)	533	535	859
固定負債の純増(+)	407	717	542
有償増資(+)[2]	138	0	377
配当金支払(−)	−30	−137	−153
純運転資本の増加(+)	133	−206	63

1994-1997 年　　　　　　　　　　　　　　　　　　　　　　　　　　(10億ウォン)

	現代建設	現代重工業[3]	現代自動車	現代電子
営業キャッシュフロー(+)	−2,905	343	4,492	3,229
当期純利益(+)	73	262	427	841
配当収入(+)	31	30	11	1
投資キャッシュフロー(−)	−939	−2,781	−6,084	−8,632
有無形リース資産の純取得(−)	−546	−1,655	−4,249	−6,015
投資有価証券の純取得(−)[4]	−166	−124	−316	−996
財務キャッシュフロー(+)	3,933	2,573	1,945	5,466
固定負債の純増(+)	3,612	2,616	2,951	5,214
有償増資(+)	263	0	148	200
配当金支払(−)	−1	−47	−134	0
現金の増加(+)	89	136	353	63
＊特殊関係者有価証券の純取得(−)(1994-1996年)[5]	−21	7	−99	−448

注) 各純運転資本及びキャッシュフローの増加の内訳は主なものを示しており，合計額とは一致しない．
  1) 財政状態変動表をキャッシュフロー計算書と同様の形式に編集している．
  2) 株式発行超過金を含む．
  3) 1995-1997 年の数値．
  4) 現代建設は純取得額(ネット)ではなく粗取得(グロス)の値．
  5) 現代重工業は 1995，96 年．現代自動車と現代重工業は純取得額(ネット)ではなく粗取得(グロス)の値．
出所) 図4と同じ．

「関係会社有価証券の増加」，すなわちグループ内他系列企業への出資をおこなっている[9]．

現代重工業も営業活動による資金力は豊富であった．同社は株式を公開しておらず有償増資はおこなっていないが，借入金を通じた資金調達をおこなうことによって設備投資をまかなうとともに，他の系列企業に資本を提供し

---

[9] 現代自動車の場合，1988-1990 年の間に固定資産や関係会社有価証券以外への投資も大幅に増加している．その多くは金融資産への投資と考えられるが，詳細は明らかでない．

ている．主要な出資企業であった現代重工業だが，配当収入から得た資金だけでは新たな出資をカバーすることはできず，自社の営業及び財務活動による資金に依存していることがわかる．他方，グループの母体企業である現代建設は配当収入も多くなく，営業活動による資金獲得能力は大きく見劣りがする状況である．固定負債の増加や有償増資等，財務活動による資金導入をおこなっているものの，現代自動車や現代重工業ほどは他系列企業に対して出資をおこなうことができていない．

表12②の1994年から1997年までの資金需給をみると，出資企業の間での格差が鮮明となっている．現代自動車，それに新たに現代電子が国内外での自動車販売の好調と半導体景気にそれぞれ支えられて営業キャッシュフローの規模でも抜きん出ており，固定負債の増加を中心に財務活動による資金調達も積極的におこなって「有無形リース資産の純取得」にあるように多額の設備投資をおこなうとともに，「投資有価証券の純取得」に含まれる他の系列企業への出資をおこなっている[10]．他方，現代重工業の場合は1995年から1997年までと短い期間の数字であることに留意する必要があるが，先の2社に比べると営業キャッシュフローの規模は小さい．固定負債の増加を通じて現代自動車以上に財務キャッシュフローの流入があるが，他法人への出資は少額にとどまっている．この期間については自社の設備投資で手一杯で関係企業の投資にまで手が回らなかったとみられる．現代建設は，利益はあげているものの営業キャッシュフローがマイナスになっている．そのため資金余力に乏しく，現代自動車や現代電子のようには他法人に出資できていないことがわかる．

3. SKグループ

SKグループの出資企業側の資金事情を示した表12③から，まず1988年から1993年についてみると営業活動による資金獲得能力ではSK㈱がピラミッド上位の主力3社(母体企業であるSKグローバル，及びSKCとSKケミカル)を上回っている．SK㈱は大規模な設備投資をおこなっているが，主に固定負債を増やすことによって資金を充当し，関係会社への新たな出資も従来

---

[10] 現代電子の「投資有価証券の純取得」が巨額になっているのは，アメリカのオレゴン州に建設した半導体工場への出資も含まれていることによる．

表12 ③ SK
1988-1993年[1]　　　　　　　　　　　　　　　　　　　　　　　　　　　（10億ウォン）

	SKC	SKケミカル	SKグローバル	SK㈱
営業活動による純運転資本の増加(+)	273	324	85	636
当期純利益(+)	27	25	48	202
配当収入(+)	1	2	36	47
投資活動による純運転資本の増加(−)	−320	−551	−133	−1,982
固定資産の純増(−)	−247	−443	−31	−2,084
関係会社有価証券の増加(−)	−4	−12	−79	−220
財務活動による純運転資本の増加(+)	−54	183	77	1,161
固定負債の純増(+)	−50	131	7	1,109
有償増資(+)[2]	6	66	103	197
配当金支払(−)	−7	−20	−30	−129
純運転資本の増加(+)	−100	−43	30	−358

1994-1997年　　　　　　　　　　　　　　　　　　　　　　　　　　　　（10億ウォン）

	SKC	SKケミカル	SKグローバル	SK㈱	SKテレコム[3]
営業キャッシュフロー(+)	316	297	−301	999	3,131
当期純利益(+)	59	−28	34	240	522
配当収入(+)	1	6	23	76	3
投資キャッシュフロー(−)	−349	−604	−70	−5,092	−3,482
有無形リース資産の純取得(−)	−210	−505	5	−3,957	−3,173
投資有価証券の純取得(−)[4]	−57	−71	−37	−369	−450
財務キャッシュフロー(+)	57	370	340	4,764	939
固定負債の純増(+)	272	357	160	2,497	897
有償増資(+)	77	3	101	473	393
配当金支払(−)	−7	−17	−18	−133	−18
現金の増加(+)	24	64	−31	671	589
＊特殊関係者有価証券の純取得(−) (1994-1996年)[5]	−29	−5	−2	−329	−44

注）各純運転資本及びキャッシュフローの増加の内訳は主なものを示しており，合計額とは一致しない．
　1）財政状態変動表をキャッシュフロー計算書と同様の形式に編集している．
　2）株式発行超過金を含む．
　3）1995-1997年の値．
　4）5）SKC，SKテレコムは粗取得（グロス）の値．
出所）図4と同じ．

の主力3社を大きく上回っていることがわかる．

　1994年から1997年になってもSK㈱と従来の主力3社の間で，営業活動による資金獲得能力の格差は依然として大きい．主力3社のなかでもSKグローバルは営業キャッシュフローがマイナスになるなど経営に問題を抱えており，他の系列企業に新たに出資をおこなうことが難しくなっている．これに対してSK㈱は相変わらず旺盛な設備投資をおこないつつ，多様な形態で資金を調達しながら他法人への出資において主力3社を大きく上回っている．さらにここで注目すべきなのは，新たに買収したSKテレコムの資金獲得能

力である．他企業よりも1年少ない1995年から1997年の期間であるにもかかわらず，営業キャッシュフローは他企業よりも一桁多い数字を記録している．固定投資の規模もほぼこれに見合うかたちで他社に比べて財務的に余裕があり，「投資有価証券の純取得」ではSK㈱を上回る規模の投資をおこなっている．

4. 三星グループ

三星グループの主な系列企業の資金需給を示したものが表12④である．やはりピラミッド上位の三星生命についての情報が十分ではないのではっ

表12④　三星
1988-1993年[1]　　　　　　　　　　　　　　　　（10億ウォン）

	三星物産	三星電子
営業活動による純運転資本の増加(+)	219	5,087
当期純利益(+)	73	620
配当収入(+)	21	27
投資活動による純運転資本の増加(−)	−614	−6,844
固定資産の純増(−)	−300	−4,377
関係会社有価証券の増加(−)	−136	−198
財務活動による純運転資本の増加(+)	219	1,698
固定負債の純増(+)	114	1,107
有償増資(+)[2]	146	655
配当金支払(−)	−35	−147
純運転資本の増加(+)	−176	−59

1994-1997年　　　　　　　　　　　　　　　　　（10億ウォン）

	三星物産	三星電子	三星SDI	
営業キャッシュフロー(+)	169	12,250	827	
当期純利益(+)	97	3,739	440	
配当収入(+)	61	48	13	
投資キャッシュフロー(−)	−2,152	−18,283	−2,201	
有無形リース資産の純取得(−)	−1,199	−11,308	−1,800	
投資有価証券の純取得(−)	−293	−1,563	−321	
財務キャッシュフロー(+)	2,069	6,965	1,735	
固定負債の純増(+)	1,225	8,145	1,199	
有償増資(+)	306	855	516	
配当金支払(−)	−65	−202	−49	
現金の増加(+)	86	932	361	三星生命
*特殊関係者有価証券の純取得(−) (1994-1996年)	0	−692	−120	−106

注）　各純運転資本及びキャッシュフローの増加の内訳は主なものを示しており，合計額とは一致しない．
　　1) 財政状態変動表をキャッシュフロー計算書と同様の形式に編集している．
　　2) 株式発行超過金を含む．
出所）図4と同じ．

第3節　資金需給と出資フロー

きりしたことはわからない．それに次ぐ位置にある三星物産と三星電子の1988年から1993年までをみると，三星電子は営業活動からの資金獲得を上回る設備投資をおこなっているが，そのために固定負債の増加と有償増資によって資金を調達している．そうして集めた資金からグループ内企業への出資もおこなっている．三星物産は営業，財務活動の資金規模が三星電子よりも大きく劣っているが，関係会社の有価証券取得は活発におこなっていることがわかる．

しかし，1994年から1997年になると三星電子と三星物産両社の営業，財務両面での資金獲得能力の格差はさらに拡がり，三星電子の出資金額は海外法人向けを多く含むとはいえ三星物産を大きく上回るようになっている．さらに先にみたように，所有構造で三星電子のさらに下位にある三星SDIが出資企業として台頭してきていることが資金需給からもみてとれよう．同社は潤沢な営業・財務のキャッシュフローから自らの設備投資はもちろん，三星物産を上回る出資をおこなうようになっている．「特殊関係者有価証券の純取得」から，1994-1996年に限っているが三星生命を含めた主要企業のグループ内出資総額をみることができる．ここからは三星電子が7000億ウォン近い出資をおこなって抜きん出ている一方，三星SDIが三星生命を上回るグループ内投資をおこなっていることがわかる．他方，三星物産はこの時期はほとんど新規の出資をおこなっていない．

5. 出資企業の交代とピラミッド型構造の下方拡大

以上でみたように，各財閥では多くの系列企業がグループ内出資に参加しつつも，従来のピラミッド型所有構造の上位の企業，三星では三星生命，LGではLG化学，現代では現代建設，SKではSKグローバルなどよりも中位・下位企業，三星では三星電子や三星SDI，LGではLG電子，現代では現代自動車や現代電子，SKではSK㈱といった企業が多く出資をおこなっている．またLG半導体，SKテレコムといった設立もしくは買収して間もない企業もすぐに資本の出し手となっているケースが少なくない．ピラミッドの上位でなく中下位にある企業が主な出資企業となっている要因は，これまでみたように中下位企業がグループの収益センターとなっていることにある．1990年代に入ってから電子，自動車，石油精製など重化学工業が本格

55

的に韓国経済の牽引役となるなかで，各グループでもこれら産業を担う企業がグループの中核企業となった．特に半導体や情報通信企業は多額の利益を各グループにもたらしていた．これら企業にフリーキャッシュフローがあったわけではなく，自ら利益を上回る多額の設備投資をおこなってもいた．しかし，その高収益さらには装置産業ゆえの大きな資産をもとに外部から多額の資金調達をおこなうことができ，その資金を他の系列企業への出資に回すことが可能であったと考えられる．そのなかには設立または買収間もない企業も含まれていた．これに対してピラミッドの上位に位置する企業は創業初期からの企業が大半であって一部の企業を除くと流通や繊維など従来型の産業が多く，収益面，資産面でピラミッド中下位の有力企業に比べると劣ることも多かった．そのため財閥は成長とともにピラミッド型の所有構造を下方へと拡大させていくことになったのである．図8は三星グループの1997年時点での所有構造を図示したものである．図4と比べて新たな企業の設立や買収によってグループのピラミッド型構造が下方へ，図では右方向へと拡大していることがわかる．

　ピラミッド型所有構造の下方拡大は，創業者家族の支配上の資本政策にとっても望ましいものであった．ピラミッド上位に位置する企業は創業者家族が直接，出資をおこなっている．これら企業が他のグループ系列企業に多額の出資をおこなえるほど資金を確保するためには，自らの資本も拡張する必要がある．しかし，いずれの企業も規模が拡大しているために創業者家族の資金のみで資本をまかなうことは難しくなっている．ここでピラミッド上位企業において創業者家族の持株比率が下がることはグループの支配に重大な影響を及ぼしかねない．特に上場企業の場合，先に述べた証券取引法上の対抗株主の持株規制が1990年代半ばに入って撤廃され[11]，創業者家族としては支配面で大きな脅威を感じていたはずである．ピラミッド型所有構造の下方拡大は，創業者家族が限られた資本で事業を拡大するには最も効率的な方法であったのである[12]．

---

11)　株式取得規制を定めた証券取引法第200条は1994年1月の改正で撤廃され，経過措置を経て1997年4月に完全に失効した．

12)　序章で述べたように，このようなピラミッド型所有構造の拡大は，支配株主である創業者家族と少数株主の間でのエージェンシー問題を惹起したとして，通貨危機後に財閥は批判にさらされることになった．

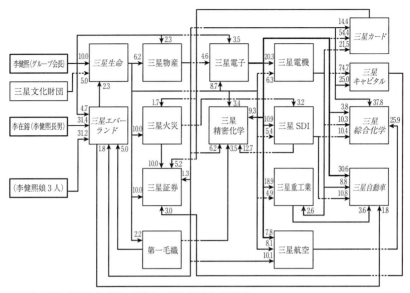

注) 数値は持株比率．社名が斜体字の企業は株式非公開企業．
出所) 参与連帯参与社会研究所経済分科 [1999] より作成．

図8 三星グループ主な系列企業の出資関係(1997年決算基準)

第4節 4大グループと新規企業の収益性

　以上のようなグループ内出資を下支えにして上位の各グループは1980年代後半から1990年代にかけて事業の規模，範囲ともに拡大していった．それでは事業が拡大する一方で，収益性はどのような状態だったのだろうか．この問題の解明には厳密な実証が必要だが，ここでは簡便な方法で実態に接近しておきたい．図9は各グループの資本収益率(自己資本当期純利益率．ただしここでは自己資本を純資産で計算)を上場企業の平均と比較したものである．1990-1997年の間の平均収益率は，上場企業が4.14%であるのに対して，三星は8.41%と際だって高く，LGと現代がそれぞれ4.81%，5.42%と若干上回っている．1994-1995年の半導体の好景気がこれら3グループの収益を大きく引き上げたとみられる．これに対してSKは平均収益率が3.73%と上場企業の平均をやや下回っている．ただし，この時期の後半になると収益率が

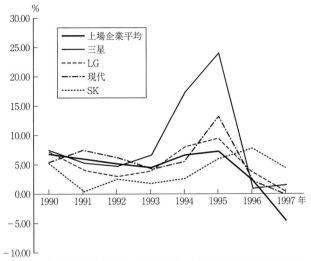

注) 収益率は自己資本当期純利益率，ただし自己資本には純資産を用いている．
各グループの値はグループ所属の上場企業と外部監査対象法人の合計．
出所) 図4と同じ．

図9　4大グループの平均資本収益率

徐々に上昇し，1996年からは上場企業平均を上回るようになっていることが図9からみてとれる．

　この時期の事業拡大と収益性との関係をみるために，各グループの新規企業[13]とグループ全体の収益性をみたものが表13である．ここからわかるのは，総じて新規企業は事業の立ち上げ当初ということもあって，収益に貢献をしているとはいえないという点である．三星と現代の場合，新規企業の平均収益率は1988-1992年，1993-1997年の両期間ともマイナスになっていて，他の既存企業が支えるかたちになっている．LGの場合も1988-1992年の新規企業は大きなマイナスを記録しているが，1993-1997年ではグループ全体

---

13)　ここで新規企業に含めているのはデータが利用可能な以下の企業である．三星：三星綜合化学，三星信用カード，三星BP化学，三星証券，三星精密化学，三星キャピタル，三星自動車，三星商用車．LG：LG信用カード，LGMMA，シルトロン，LG割賦金融，LGテレコム，LG創業投資，LGホームショッピング，LGエナジー，LGインターネット，LG百貨店．現代：現代精油，現代精油販売，現代宇宙航空，現代割賦金融，現代情報技術．SK：SKガス，大韓都市ガス，SKオクシケミカル，油公エラストマー，SKキャピタル．LG半導体とSKテレコムはその規模の大きさから別途示している．

表13 主力グループ新規企業の平均収益率 (%)

	三星計	三星新規	LG計	LG新規	現代計	現代新規	SK計	SK新規	SKテレコム
1988-92年	8.88	-10.83	6.24	-17.01	5.92	-4.65	5.93	-10.45	-
1993-97年	10.02	-2.72	4.92	4.87	4.91	-5.34	4.40	8.59	18.69

注) 収益率は自己資本当期純利益率, ただし自己資本には純資産を用いている. 新規企業は本文注12)
を参照. グループ計はグループ所属の上場企業と外部監査対象法人の合計.
出所) 図4と同じ.

とほぼ同水準の収益をあげるようになっている．他方，SKグループの場合は他グループと事情が異なっている．1980年代末から1990年代初めに設立した企業が当初は大幅な赤字であったが，1990年代半ばにはグループ平均を上回る収益性をみせるに至った．その上，1994年に買収したSKテレコムが当初から高い収益を上げてグループに貢献している．SKグループはこの時期の新たな事業展開によって規模の拡大だけでなく収益面での改善にも成功したのである．三星，現代，LGの各グループは新規企業が収益面で貢献したとは言えないのに対して，この3グループよりも規模面で後れをとっていたSKグループは1990年代半ば以降，新規企業が収益に大きく貢献し，上位財閥への仲間入りを果たしたと言えよう．

小 括

韓国主要財閥の所有構造は創業者家族を頂点としたピラミッド構造を持ちつつ，複数企業がひとつの系列企業に出資をおこなう複雑な構造となっていた．これは多くの系列企業が早くから株式を公開していたために，資金を外部に漏らさずに他の系列企業に資本を移転するためには各系列企業から直接出資をおこなうことが効果的であったこと，出資先企業のリスクが直接出資企業に及ぶことを回避するために出資企業を分散させたことの帰結であった．1980年代後半以降，独占禁止法の改正によって純粋持株会社の設立禁止，大規模企業集団での出資総額制限といった規制が導入されたこともあって，この時期の財閥の事業拡大の過程においても複数企業による出資形態が広範囲にみられることになった．

さらにこの時期の財閥の拡大過程ではグループ内の新たな収益センターとなった企業が出資企業として台頭した．これら企業は豊富な営業キャッシュフローを上回る設備投資をおこなっていたが，その営業資金獲得力，及びそ

の設備の担保力をもとに外部から資金を調達することが可能であり，その資金をグループ内他企業への出資に活用したのであった．グループ内での収益センターの移動に伴って主な出資企業がピラミッド構造の中下位企業へと移行し，設立間もない企業が出資企業へと転換する例もみられた．こうした財閥の系列企業への出資は各系列企業の事業内容とはかかわりなくおこなわれた．このことは，グループ内の資本移動が個々の系列企業間の事業上の判断ではなく，グループ次元の資本政策に基づくものであることを示唆している．グループ本社による財閥の資本配分が機能していたということができよう．

　グループ内出資を下支えにしたグループの拡大は，SKを除く各グループについては全体として高い収益性を伴うものであった．ただし，新たな事業については立ち上げから間もないこともあって必ずしも高い収益を生んではいなかった点には留意が必要である．しかも，この時期のグループ拡大は主要企業の資金需給から明らかなように資金面では外部からの負債に依拠するところが大きかった．特にその傾向は1994年から1997年にかけて顕著であった．そのため，財閥は1997年の通貨危機を契機に，程度の差はあれ構造調整を余儀なくされることになるのである．

第3章

経営改革の始動
―俸給経営者の登用と組織改革―

　本章では1980年代後半から1990年代後半にかけての財閥の経営改革について論じる．これまでみてきたように，1980年代後半からの産業構造の変化に対応して，4大グループは事業規模を拡大させるとともに，事業の多角化もいっそう進めていった．事業の規模と範囲が拡大するなかで，従来のグループ経営のあり方では限界が生じ，人と組織の両面での改革が不可避になった．人の面での改革とは家族以外の経営者，すなわち俸給経営者を積極的に系列企業の経営に参与させることである．また組織面での改革とは，グループ全体の経営を管掌するグループ本社の整備と日常的な経営の権限の下方委譲である．しかし，改革のあり方，進行度はグループによって異なっており，三星グループとLGグループでは経営改革が進行したのに対し，現代，SKの両グループでの経営改革の試みは限定的であった．以下では第1節で各グループの系列企業の理事会構成から家族経営者と俸給経営者それぞれのプレゼンスの変化をみていく．第2節では各グループでの組織改革のあり方を，各グループにおける本社機能の形成過程も含めて検討する．

第1節　理事会構成とその変化

　まず本節では系列企業の理事会(日本の取締役会に相当，以下同じ)の構成から創業者家族と俸給経営者の位置を考える．日本の取締役会と同様に，韓国の商法上では理事会は株式会社の最高意思決定機関であるが，機能上は経営の最終意思決定と監視の2つの機能を担うものとされる．さらにやはり日本と同様に，代表権をもつ理事(取締役)は，理事会の決議をもとに単独で会社を代表して契約行為等をおこなうことができるとともに，日常の業務については理事会からその決定権限を委譲され，自ら決定，執行をおこなう存在である．現実の企業においてどの経営者の影響力が強いかは様々なケースが考

えられるが，理事会の構成や代表権の所在をみることによって，経営者間での権限配分のあり方を大まかに把握することができるだろう．ここでは役職や人数構成，代表権の有無等から家族経営者のプレゼンスと俸給経営者の台頭の実態に接近してみることにする[1]．

1. 三星グループ

表14は三星グループの上場企業の理事会の構成とその推移を表している．ここでの記号は図10の家系図上にある創業者家族を示している．記号が太字になっているのは代表権を持っていることを意味している．1976年時点ではデータ利用が可能な企業数が多くないが，そのなかでは創業者家族がほとんどの企業の理事会メンバーとなっていることがわかる．創業者である李秉喆（①：図10家系図上の位置，以下同じ）はグループの母体企業である三星物産の会長であることに加えて，三星物産に続いて設立された第一製糖と第一毛織の理事となっている．李秉喆の跡を継ぐ三男の李健熙（②）も三星物産，全州製紙，三星電子の理事に就任している[2]ほか，三星物産には李秉喆の長女である李仁熙（③），次男の李昌熙（④）も役員入りしている．

家族の範囲を姻戚関係にまで広げると，家族の経営参与はより深いものになる．特に大きな存在感を示しているのは，李健熙の岳父である洪璡基（⑦）である．三星グループ上場企業7社のうち，4つの企業に理事として名前を連ねている．洪璡基は李承晩政権時代に法務長官・内務長官を歴任した政治家であったが，1964年に李秉喆に請われて設立間もないラジオソウル放送に社長として参与し，以来グループ経営に深く関与するようになっている．洪璡基の三星入りは，李健熙と洪璡基の長女である洪羅喜の結婚の前であったが，結婚後に李秉喆が李健熙を東洋放送に入社させて洪璡基から経営を学ばせようとしたことにより洪璡基と李健熙の関係は密接になり，洪璡基のグループにおける影響力は増していった．また安国火災海上（三星火災海上）に

---

[1] 俸給経営者が代表権を持つ理事である一方で理事会に創業者家族が入っている場合，理事会の2つの機能を反映して家族経営者のあり方は，ⓐ俸給経営者による経営を監視するために理事となっている，ⓑ代表理事の部下として当該企業の日常の経営業務にあたっている，の2通りが考えられる．ここでは，いずれにせよ代表権を持っている俸給経営者は経営において一定の役割を担うようになっていると考えて議論を進める．

[2] 李健熙は1965年に早稲田大学を卒業した後，米ジョージワシントン大学で修士課程を修了した．その後1966年に帰国し，以来三星の経営に参与していた．

表14 三星グループ主要企業の理事会構成

		1976		1985		1991		1997	
				(非常勤)		(非常勤)		(非常勤)	
三星物産	理事数	15		39	9	48	1	58	9
	家族	①②③④⑦		①②⑬	1	②		②	
三星建設	理事数			39	4	34	6	→三星物産に合併	
	家族			②	1	②	1		
第一製糖	理事数	14		29	5	31	4	→系列分離	
	家族	①⑦		①		②	1		
第一毛織	理事数	10		10		18	4	10	3
	家族	①⑦				②	1	②	1
三星火災海上	理事数	7		15	3	13	3	21	
	家族	⑤⑥⑧⑨		⑧⑨		⑧⑨		⑩	
全州製紙	理事数	10		12	4	12	3	→系列分離	
	家族	②⑩		②③		②③	2		
三星電子	理総数	12		40	1	116		59	
	家族	②⑦		②⑬	1			②	
三星半導体通信	理事数			37	7	→三星電子に合併			
	家族			①②⑦⑬	4				
三星SDI	理事数			15	7	20	7	30	9
	家族			⑦⑬	1	②	1	②⑪	1
三星電機	理事数			10	4	11		21	
	家族			②⑦⑬	1				
第一合繊	理事数			10		22	8	→系列分離	
	家族					②④	2		
新羅ホテル	理事数			6	1	6		6	1
	家族			②③⑦		③			
三星重工業	理事数			39		41		27	
	家族								
新世界百貨店	理事数			8		13	5	→系列分離	
	家族			⑫		②⑬	2		
三星証券	理事数							12	3
	家族							⑩	1
三星航空	理事数			12		22	5	23	4
	家族					②⑬	1	②	1
のべ理事総数(a)				68		321		407	267
うち家族(b)				17		24		16	8
(b/a)				25%		7%		4%	3%
実家族人数				9		8		6	3

注) 1997年時点の上場企業をさかのぼって記載.ただし,1976年時点は判明分のみ.丸付き数字は図10での親族構成員を指す.太字となっている者は代表権を持っていることを意味する.
出所) 韓国上場会社協議会[各年版],毎日経済新聞社[各年版]をもとに筆者作成.

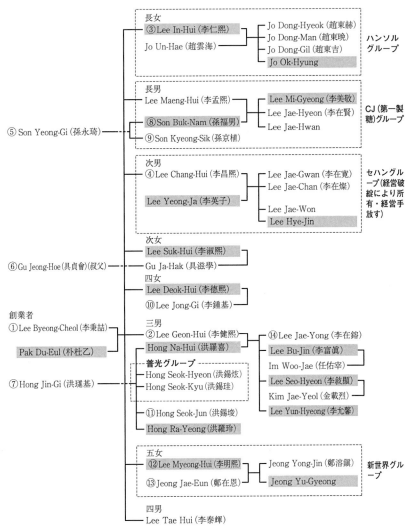

図10 三星グループ李秉喆一族の主な家族構成

は李秉喆の長男李孟熙の岳父である孫永琦(⑤)が代表理事会長を，その息子である孫京植(⑨)が代表理事社長を務め，孟熙の妻孫福男(⑧)も非常勤理事として理事会入りをしている．孫永琦は京畿道知事や農林部糧政局長を務めた官僚であり，娘の福男と李孟熙が結婚した後に，安国火災の社長として三星入りした．この他には李秉喆の四女李德熙の夫である李鍾基(⑩)が全州製紙の理事となっている．

しかし，創業者の李秉喆はいずれの系列企業の代表理事にも就任していなかった．李秉喆は1960年まで三星グループの主要企業である三星物産，第一製糖，第一毛織の代表理事社長の職にあったが，1960年10-11月に三星物産と第一製糖の社長職を辞任して役職なしの理事となった．1960年はいわゆる3.15不正選挙から4.15学生革命，李承晩の下野と新政権の樹立など，政治的混乱の最中にあった．また新たに誕生した民主党政権は，李承晩時代に大企業がおこなった不正蓄財の処理を政策として掲げ，三星も不正蓄財業者と目されて1960年6月から特別調査を受ける事態となった．1960年秋の人事は，こうした情勢下での「経営方針の刷新を考慮」してのものであったという(第一製糖工業株式会社十年誌編纂委員会[1964：116-117])．李秉喆への不正蓄財処理の追及が企業経営に与える影響を最小限に抑えようとする措置とみることもできる．翌1961年に三星物産では会長に就任しているが，代表権は持っていない．第一毛織でも1962年5月に社長から会長となるが，1971年2月から代表権のない理事に移っている(第一毛織工業[1974：496-498])．1960年代初め頃から，李秉喆は韓国肥料事件の責任を取って経営の一線を退いていた時期を除き，系列企業の代表職には就かずに「会長」として経営を掌握していたと考えられる[3]．

1985年でも三星グループは同様の体制を維持していた．系列企業の大半に李秉喆と洪璡基がやはり代表権のない理事として名を連ねている．また李健熙も多くの系列企業の理事に就任している．三星グループは1979年2月に李健熙のグループ副会長就任を発表しており，グループ後継者としての地

---

[3] 韓国肥料事件とは，三星グループ系列の韓国肥料が保税倉庫にあるサッカリンを国内で売却して不正な利益を得たとされた事件で，これにより李秉喆の次男で同社役員であった李昌熙が逮捕される事態にまで発展した．李秉喆は1966年9月に経営一線からの引退を宣言したが，結局1968年2月には三星物産と中央日報社の会長職に再び就任し，経営に復帰した(柳町[2003：19-20, 30-31]，三星秘書室[1988：191])．

歩を着実に固めていたことがわかる．三星火災海上では孫京植が引き続き代表理事の職にあり，亡くなった孫永琦に代わって会長に就任している．この他に姻戚関係にある者としては，新たに李秉喆の五女李明熙の夫である鄭在恩(⑬)が，グループにおいて重要性を増しつつあった三星電子，三星電管(三星SDI)，三星電機という3社の代表理事社長を務めるとともに，三星物産と三星半導体通信の非常勤理事に就任している[4]．以上のように一部の創業者家族が企業の代表理事として経営のトップに就きつつ，グループ会長もしくは副会長が系列企業では理事に就任している体制に変わりはない．しかし，グループの拡大によって系列企業数及び一企業あたりの理事数も増加するなかで，俸給経営者を多く充当している点にも注目する必要がある．いくつかの企業では創業者家族が理事会に入っていないケースも出てきている．

1987年11月に李秉喆会長が亡くなり，翌月に三男の李健熙がグループ会長に就任した．前年には洪璉基も亡くなっていて，世代交代が進むことになった．1991年の理事会構成をみると，李健熙が多くの系列企業の理事に就任しているが，やはり代表権を持っていない．その後，三星グループでは一部系列企業の分離独立が進んだ．李秉喆の長女である李仁熙とその一家は全州製紙の分与を受けてハンソルグループに，長男の李孟熙と妻の孫福男及びその家族は第一製糖を譲り受けて第一製糖グループ(現在のCJグループ)に，五女の李明熙と夫の鄭在恩の家族は新世界百貨店の系列分離とともに新たに新世界グループをそれぞれ立ち上げた．次男の李昌熙はすでにセハンメディアを事実上独立経営していたが，新たに三星グループから第一合繊を譲り受け，セハングループとなった．ただし，分離した企業はグループ資産全体の15%程度に過ぎなかった．しかもいずれも従来型の産業であり，電子，機械，金融といった当時の有望産業はグループ本体に残されることになった．

系列分離の結果，1997年時点では新たに李秉喆の四女李徳熙の夫である李鍾基(⑩)が三星火災海上の代表理事副会長に，李健熙の義弟である洪錫埈(⑪)が三星SDIの常務理事に就いているが，創業者の血族はグループ会長である李健熙ひとりとなった．李健熙はやはり系列企業では代表職にはつかず

---

[4] 鄭在恩は1950年代から1960年代にかけて隆盛をきわめた三護グループ鄭商熙会長の次男であり，1961年にソウル大学電子工学科を卒業後米コロンビア大学に留学し，産業工学科修士課程を修了した．1967年に李明熙と結婚した後，1969年に三星電子に入社して同社でキャリアを積んだ(ソウル経済新聞編[1991:19]，ソウル新聞社経済部[2005:136, 148-150])．

に非常勤理事にとどまっている．全体として，1985年時点と比べると理事ポスト数に占める家族経営者の割合(表14のb/a)は大きく低下をみせている[5]．三星グループの系列企業における理事の圧倒的多数は俸給経営者が占め，代表理事職もそのほとんどを俸給経営者が担って創業者家族は実質的に会長ひとりの体制となったといえよう．

2. LGグループ

1976年時点のLGグループ主要系列企業における役員構成をみると(表15)，創業者長男である第二代会長の具滋暻(④：図11, 12家系図上の位置，以下同じ)と，創業者の弟(三男)の具貞會(①)，同甥の具滋元(⑧)，グループ共同設立者の許準九(ⓐ)など具，許両家の家族経営者が多数経営に参与している．代表職をみると，母体企業であるラッキー(LG化学)や金星電機では二人の創業者家族が代表理事社長の職にある．ただし，その他の企業では，ラッキー建設(LG建設)や汎韓海上火災保険(LG火災海上保険)など，グループ内の有力企業であっても創業者家族が代表理事に就任しておらず，家族経営者がひとりもいない系列企業もすでに存在していた．

1985年には多くの系列企業の役員構成が判明し，また系列企業自体が増加しているが，多くの創業者家族が広範囲に系列企業の理事に就任している．ラッキーや金星社(LG電子)など，当時の主力企業の代表理事職にグループ会長の具滋暻や許慎九(ⓑ)，さらに創業者三男の具滋學(⑤)が就いている．この他に創業者の弟(五男)の具平會(②)が湖南精油(LGカルテックス精油)，創業者四男の具滋斗(⑥)が金星半導体(LG情報通信)，具滋元が金星機電の代表理事職にある．これ以外にも多くの創業者家族が系列企業の理事となっている．この傾向は1991年になっても同様であり，創業者家族の理事会参与が広範囲にみられ，具本茂(⑱)や具本俊(⑲)など，創業第三世代も新たに理事会入りを果たしている．ただし，創業者弟(六男)の具斗會(③)や許家第二世代の許東秀(ⓓ)などが代表理事職にあるものの，創業者家族は代表理事職を

---

[5] 1997年が1991年に比べて家族経営者数が減少したにもかかわらず比率がそれほど低下していないのは，この時期に有力企業でポスト数を削減したことによる．人数が多いために実質的に理事会の機能を果たせなくなったことが理由と考えられる．その代わりに「非登記理事」として理事会に入っていないがそれに相応するクラスと認定される役員が増加することになった．

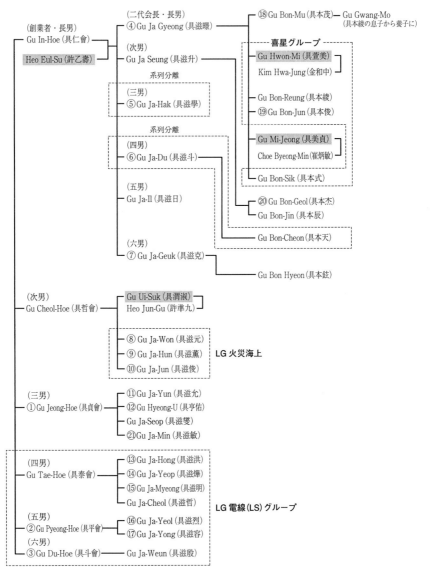

図11 LGグループ具家の主な家族構成

注) 網をかけたのは女性. 紙幅及び情報の限界によりすべての構成員をカバーしていない.
出所) 図10と同じ.

注) 網をかけたのは女性．紙幅及び情報の限界によりすべての構成員をカバーしていない．
出所) 図10と同じ．

図12　LGグループ許家の主な家族構成

占めないで非常勤の理事であるケースが多く，代表理事職は俸給経営者に委譲している企業が多い．理事ポスト総数に占める創業者家族の比率は低下している．

　1995年2月に具滋暻は経営トップから引退することを宣言し，会長職を長男でグループ副会長の職にあった具本茂に譲り，自らは名誉会長となった．これに伴い，1997年の役員構成から創業第一世代がほとんど引退したが，この世代交代においても家族間・家族内の分離はおこなわれず，代わって若い創業者家族が理事会入りを果たしている．その結果，経営に参加している実家族人数に変化はみられない．主力企業の代表理事に創業者家族が就任しつつ，創業者家族が理事として在籍するか，俸給経営者のみで理事会を構成している系列企業がある体制も同じである．創業者家族の理事ポスト数は若

表15 LGグループにおける上場企業の理事会構成

		1976	1985	1991	1997
LG化学	理事数	13	29	28	10
	家族	④⑧ⓐ	④⑤ⓑ②	④ⓐⓑ⑱⑭	⑱ⓔ
ラッキー素材	理事数		10	10	
	家族		④	ⓑ	→LG化学
LG石油化学	理事数			9	5
	家族			ⓑ	
LG電子	理事数	14	44	57	21
	家族	④①ⓑ	④ⓐⓑ⑱③	④⑬⑲	⑱⑤⑬ⓔ
金星電機	理事数	9	17		
	家族	④①ⓐ	④ⓑ	→LG電子	
金星通信	理事数	11	16	18	
	家族	④⑧	⑧ⓐⓑ	⑤	→LG電子
金星部品	理事数			7	
	家族			⑬	→LG電子
LG情報通信	理事数		14	18	14
	家族		④⑥	④	⑤⑬
LG半導体	理事数			10	12
	家族			⑤	⑤⑬⑲
LG商事	理事数	5	26	24	14
	家族	⑥	⑤⑦⑬ⓔ②⑫	④ⓐ⑱⑦②⑭ⓒ	⑱⑦ⓒⓔ
LG海上火災	理事数	6	9	11	10
	家族		⑨	②⑨⑭	⑨
LG電線	理事数		22	23	21
	家族		ⓐ	ⓐ	ⓔ
LG金属	理事数		16	17	8
	家族		ⓐ		
LG産電	理事数			17	24
	家族				⑤
金星計電	理事数		10	7	
	家族				→LG産電
金星機電	理事数		13	8	
	家族		④⑧ⓐ		→LG産電
LG建設	理事数		29	33	35
	家族		④ⓑ②⑪	⑧⑱	⑱⑤⑭
LG証券	理事数		11	16	20
	家族				⑯ⓗ
LG綜合金融	理事数		9	6	9
	家族				
LG信用カード	理事数			5	11
	家族				
LGカルテックス精油	理事数		13	34	34
	家族		②ⓓ	③ⓓ⑮	ⓓⓕ⑮
LGカルテックスガス	理事数			9	8
	家族				③

極東都市ガス	理事数 家族				5
のべ理事総数(a)		58	288	367	261
うち家族(b)		12	35	30	27
(b/a)		21%	12%	8%	10%
実家族人数		6	15	16	15

注）1997年時点の上場企業及び上場会社協議会準会員企業であるLGカルテックス精油をさかのぼって記載．ただし，1976年は判明分のみ．記号は図11, 12での親族構成員を指す．太字となっている者は代表権を持っていることを，斜体字は非常勤であることをそれぞれ意味する．
出所）表14と同じ．

干減少傾向にあるが，多くの俸給経営者を非登記理事に就任させて理事会規模を縮小したこともあって[6]，理事ポスト総数に占める創業者家族の比率は若干上昇している．

3. 現代グループ

現代グループの1976年時点はデータが少ないため，1985年の理事会構成からみると，会長である鄭周永(①：図13, 14家系図上の位置，以下同じ)が多くの系列企業の理事に就任しているが，現代精工を除くと代表権は持っていない(表16)．代わって弟の鄭順永(②)，鄭世永(③)，鄭相永(④)，それに次男の鄭夢九(⑧)，三男の鄭夢根(⑨)と五男の鄭夢憲(⑪)が代表理事となっている．主要企業には複数の家族経営者が理事会入りしているが，創業者家族が理事会入りしていない系列企業もあって俸給経営者を登用している．1987年に鄭周永が名誉会長に退き，代わって弟の鄭世永がグループ会長に就任した．しかし，1991年の理事会構成では依然として多くの系列企業で鄭周永が理事としてとどまっている．代表権を持っている家族経営者が多い点は1985年時点と同様であり，第二世代の進出によって理事ポスト数に占める家族経営者の比率にも変化はなかった．

1996年1月に創業者次男(事実上の長男)の鄭夢九が新たにグループ会長となった．合わせて創業者五男の鄭夢憲がグループ副会長に就任した．1997年には鄭周永がほとんどの系列企業の理事職を退いた結果，俸給経営者が登用されて家族経営者が占めるポストの比率が若干だが低下している．しかし多くの創業者家族が経営に参加している体制は変わっておらず，鄭周永に代

---

6) 注5)を参照．

図13 現代グループ創業者鄭周永の主な傍系家族

わって息子の鄭夢九と鄭夢憲が多くの系列企業の理事に就任した．グループ会長となった鄭夢九は，代表権はないものの多数の系列企業の理事となっている．他方，副会長である鄭夢憲が４つの企業で代表権まで持っている．ふたりはそれぞれ理事に就いていた企業の主導権を握っていた可能性があるが，ともに理事に就任している企業もあり，その線引きははっきりしていない．この他にも創業者八男の鄭夢一（⑭）が国際綜合金融の，同三男の鄭夢根が金剛開発産業の，創業者弟（六男）の鄭相永が㈱金剛のそれぞれ代表理事職にあ

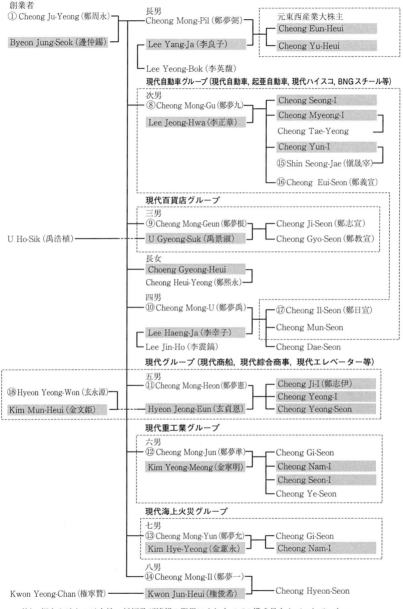

注) 網をかけたのは女性．紙幅及び情報の限界によりすべての構成員をカバーしていない．
出所) 図10と同じ．

図14 現代グループ創業者鄭周永の直系家族

表16 現代グループ主要企業の理事会構成

		1976	1985	1991	1997
国際綜合金融	理事数		9	8	8
	家族			⑭	⑭
(株)金剛	理事数	10	18	15	17
	家族	④	④	④⑦	④⑦
金剛開発産業	理事数		7	6	9
	家族		⑨	⑨⑩⑪	⑨
大韓アルミニウム	理事数		4	7	4
	家族			③	
仁川製鉄	理事数		15	16	13
	家族			①③⑧	⑧
現代鋼管	理事数		10	10	15
	家族		⑧	⑧①⑪	⑧⑪
現代建設	理事数		18	20	18
	家族		①	①	⑪
現代尾浦造船所	理事数		7	10	9
	家族		①	*①*	
現代セメント	理事数	9	10	系列分離	
	家族	①②	②⑤*①*		
現代自動車	理事数	11	35	65	71
	家族	③	③*①*	①③⑥	③⑥
現代自動車サービス	理事数		14	24	14
	家族		③⑧⑩	⑧	⑧
現代精工	理事数		17	16	20
	家族		①⑧	⑧*①*	⑧
現代綜合商事	理事数		24	37	9
	家族		①③	①③	⑪⑧
現代証券	理事数		5	12	10
	家族				
現代海上火災	理事数		11	15	13
	家族			⑬	
現代産業開発	理事数		18	20	10
	家族		①	⑧	①⑧
現代商船	理事数		14	10	8
	家族		⑱⑪	⑱⑪	⑪
現代電子産業	理事数		13	53	11
	家族		①⑪	⑪	⑪①
のべ理事総数(a)		30	249	344	259
うち家族(b)		4	22	28	19
(b/a)		13%	9%	8%	7%
実家族人数		4	10	11	9

注) 1997年時点の上場企業をさかのぼって記載. ただし, 1976年時点は判明分のみ. 丸付き数字は図13, 14での親族構成員を指す. 太字となっている者は代表権を持っていることを, 斜体字は非常勤であることをそれぞれ意味する. なお, 現代セメントは1990年に系列分離.
出所) 表14と同じ.

第1節　理事会構成とその変化

る．彼らは継続して同じ企業の理事職にあり，代表理事に就任するに至っている．この3社については1999年1月にそれぞれの家族経営者主導でそろって現代グループから分離されることになる．現代グループでは1997年時点ですでに経営の分割に向けた準備を進めていたとみられる．

4. SKグループ

SKグループでは1973年に創業者の崔鍾建が亡くなり，弟の崔鍾賢(①：図15家系図上の位置，以下同じ)が会長に就任した．この時点で他に経営に参与できる創業者家族は，崔鍾賢の弟である崔鍾寛(⑧)がいる程度であり，SKグループは事実上，崔鍾賢がひとりでグループを牽引していた．1985年には崔鍾賢が公開企業のすべての会長職に就任し，母体企業である㈱鮮京(SKグローバル)と1980年に買収した油公(SK㈱)では代表権をも有して経営

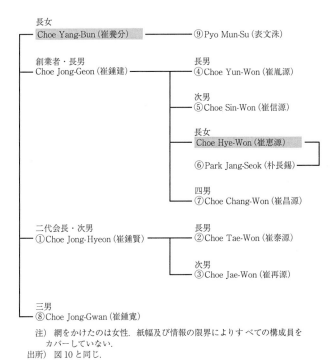

図15　SKグループ創業者崔鍾建の主な親族

表17 SKグループ主要企業の理事会構成

		1976	1985	1991	1997
SKグローバル	理事数		17	19	19
	家族		①	①	①②⑤
SKケミカル	理事数	12	16	24	17
	家族	①⑧	①④	①④⑤	①④⑦
SKC	理事数		8	22	19
	家族		①	①⑧	①③⑥⑧
SK㈱	理事数		25	29	25
	家族		①	①	①②
SK建設	理事数		12	25	31
	家族			①	
大韓都市ガス	理事数			8	6
	家族				
SK証券	理事数				8
	家族				
SKテレコム	理事数				18
	家族				⑨
SKガス	理事数				7
	家族				
のべ理事総数(a)		12	78	127	150
うち家族(b)		2	5	8	13
(b/a)		17%	6%	6%	9%
実家族人数		2	2	4	9

注) 1997年時点の上場企業をさかのぼって記載.ただし,1976年時点は判明分のみ.丸付き数字は図15での親族構成員を指す.太字となっている者は代表権を持っていることを意味する.
出所) 表14と同じ.

の前面に立っていた(表17)[7].逆に言えばそれ以外の理事ポストはほぼ俸給経営者で占められていたことになる.その体制は1990年代前半まで続くが,他方で徐々に第二世代の役員入りが見られるようになり,1985年には創業者崔鍾建の長男である崔胤源(④)が鮮京合繊(SKケミカル)専務に就任し[8],1991年には新たに創業者崔鍾建の次男である崔信源(⑤)が役員となっている.

1997年になると,SK証券やSKテレコムの買収など主な系列企業も増加

[7) 創業者の崔鍾建が職業学校を卒業後,機械整備士として母体となった鮮京織物に入社した人物であったのに対し,弟の崔鍾賢はアメリカに留学し,ウィスコンシン大学生物化学科を卒業後,シカゴ大学で経済学博士号を取得するという,文科系・理科系双方で高等教育を受けた人物であった.
8) この他に図15,表17には表れていないが,崔鍾賢会長のもうひとりの弟である崔鍾旭が鮮京マグネティックの代表理事を務めていた.しかし,同社の規模は小さく,まもなくグループから分離されて崔鍾旭はグループから去ることになった.

しているが，創業者家族から新たに崔鍾賢の長男の崔泰源(②)，次男の崔再源(③)，初代会長鍾建の四男の崔昌源(⑦)，長女の夫の朴長錫(⑥)，それに崔鍾建・鍾賢の姉の息子である表文洙(⑨)が役員入りをしている．第二世代の経営参加を契機に家族経営者数は増加し，理事ポスト総数に占める家族の比率は上昇している[9]．ただし，会長である崔鍾賢が多くの系列企業の代表職に就いている構造に変化はみられない．

5. 創業者家族の世代交代と相続慣行

　以上でみてきたように，どのグループにおいても創業者家族が経営の中心を担いつつ，規模の拡大と多角化の進展に伴って多くの俸給経営者を理事として登用してきた．しかし，創業者家族の経営上の地位はグループによって大きな違いがあった．三星の場合，世代交代を契機に多くの第二世代の兄弟がグループを離れ，グループに残った家族経営者はほぼ新会長ひとりという体制となった．そのため代表職を含め理事職のほとんどを俸給経営者が占めることとなった．他方，LG，現代，SK の各グループでは第二世代，もしくは第三世代がそのままグループに残って経営に参加したため，家族経営者のプレゼンスはそれほど低下しなかった．

　序章で論じたように，財閥がファミリービジネスである以上，創業者家族の世代交代への対処は避けられない．服部民夫は，韓国の財閥は相続慣行上，分裂は避けられないと論じた(服部[1994b：117-119])．服部によれば，日本では長子単独相続のもとで，長男が家産を受け継ぎ，家産を維持・増大させることを目的として家業を営んできた．これに対して朝鮮の伝統的な家族制度では，長男には加給分があるが基本的には男子にはすべて財産が分割され相続される「長子優待不均等分割相続」であり，そのため韓国では家産という概念が存在せず，財閥企業も財産として基本的には分割されると服部は論じた．

　三星グループにおいて世代交代の際に家族の第二世代が系列企業の分与を受けてグループから離れたことは，不均等分割という旧朝鮮の相続慣行に沿ったものと言うことができる．しかし，以下の２点において相続慣行から離

---

[9] SK グループの主な系列企業もこの時期に理事会の規模を縮小しており，やはりグループの理事ポスト総数の減少が家族比率の上昇に寄与している．

れていた.第1に,三星グループ本体を継承した李健熙は創業者の長男ではなく三男である.これは創業者の李秉喆が自らの子弟たちの経営の才能を見極めた上での選択であったとされる[10].第2に,大規模な分割はおこなわれず大部分の系列企業は三星グループ本体に残った.旧朝鮮の慣習法上では,戸主が死亡した場合,嫡出長男が戸主を相続し,財産は兄弟が2人の場合は2：1の比率で分割され,兄弟が3人以上の場合は半分を戸主が相続し,残りを他の兄弟で分け合うこととなっていた(鄭光鉉[1967：268-269]).しかし三星グループの場合,分離した企業の資産額はグループ全体の15％に過ぎなかった.以上のことは,家族の相続に一定の配慮をしつつも,三星グループの事業の継続を最優先に判断したものと考えられる.その結果,三星グループ本体に残った多くの系列企業を継承した会長ひとりが担うことになり,より多くの俸給経営者を登用することになったのである.

これに対して同じく世代交代を迎えていたLGグループと現代グループの場合,相続に伴うグループの分割をおこなわず,多くの創業者家族がグループに残っていた.そのため俸給経営者の登用は三星に比べて少なかった.SKグループは依然として第一世代が経営の一線にある上に,第二世代が次々に経営に参画するようになったことから,グループが拡大するなかでも家族経営者の比率がむしろ上昇した.以上のように,家族経営者と俸給経営者の相対的なプレゼンスは,グループの拡大ばかりでなく創業者家族内での世代交代及びそこでの分割の有無に大きく影響を受けていたことがわかる.

第2節　グループ本社とサブグループの形成

続いて規模の拡大及び多角化の進展に対する4大グループの対応について,グループ組織の側面から検討をおこなう.グループ本社及びサブグループへの権限委譲がここでの重要なテーマである.グループ本社とはグループ会長,会長を補佐するスタッフ部門であるグループ統括組織,グループ首脳による

---

10) 李秉喆は当初,長男の李孟熙にグループを継承させる考えであった.しかし,李孟熙が経営にさほど関心を示さなかった上に,韓国肥料事件後に一時的にグループ経営を任された際に経営の混乱を招いてしまった.そこで李秉喆は李健熙にまず洪璡基のもとで経営を学ばせた上で,1979年の副会長就任によって正式に後継者として指名したという(柳町[2001：30-32],洪夏祥[2003：61-70]).

第2節　グループ本社とサブグループの形成

最高協議機関である経営委員会を指す．グループ本社の形成過程を明らかにするため，グループによってはその創設初期の時点までさかのぼって論じていく．

1. 三星グループ

(1) 会長秘書室の設置と強化——1980年代まで

　前節で述べたように，1960年に創業者の李秉喆は主要系列企業の代表理事社長を辞任し，その代わりに主要企業で代表権のない会長となって，以後，「グループ会長」を称するようになったとみられる．それに先立つ1959年10月に「会長を補佐し，グループ共同で推進すべき事項を支援・調整・管理する機構」として三星秘書室が設立された(三星会長秘書室[1998:59]，後に会長秘書室に改称)．当初は秘書としての儀典関連業務及び新規事業を担当するチームと，銀行管理，文書作成及び対外書信を担当するチームに分かれていた．1960年代に入ってから会長秘書室は財務・監査機能を補強して総合調整機能を有したグループ統括組織へと変貌を遂げた．その後，1967年の韓国肥料事件によって李秉喆会長が経営の一線から退いていた時期に縮小されるが[11]，復帰後の1969年3月に会長秘書室は秘書課，企画調査課，人力管理課，監査課の4課を持つ組織へと拡大再編された．このなかで企画調査課はグループの主要新規事業を企画・立案し，かつ長期発展ビジョンを模索する機能を持つこととし，人力管理課ではグループ全般の採用・教育・配置・福利厚生など人事管理機能を持っていた．その他に会長秘書室は，グループ全体の理念と事業活動を対外的に広報する機能も併せて持っていたという(三星会長秘書室[1998:191-192])．以上のように三星グループは1960年代末にはグループ会長とグループ統括組織がグループ本社としてグループ内の調整と長期計画の策定を担う体制を確立した．しかし，李秉喆会長は各事業を直接指揮する経営スタイルを維持していた(李秉喆[1986]，柳町[2007])．他方，会長秘書室の人力管理課は次章でみるようなグループ一括採用やグループ間

---

11)　李秉喆のいない経営の空白を埋めるためにまず企画委員会を設置し，企画委員会の決定事項を執行する機構として1968年8月に企画室を設置した．その上で従来の会長秘書室の機能の大部分を企画室に移管し，秘書室は秘書機能のみを担うこととされた．1969年3月の李秉喆の復帰後に企画室は再び会長秘書室に吸収された(三星会長秘書室[1998:191-192])．

人事異動, さらには給与や昇進全般まで管掌していた. 大規模投資案件も秘書室マターであり,「製品を生産する企業でも人と資金は秘書室の厳格な管理下にあった」という(三星秘書室[1988:718]).

1980年代に入るとグループ経営に新たな問題が生じてきた. 具体的には系列企業数及び規模が拡大するにつれて, 各企業の「運営上の問題点が顕わになりはじめた上に, 場合によっては経営内容さえ把握されないこともあった」(三星会長秘書室[1998:192])という. これに対処するために, 1983年に会長秘書室内に新たに運営チームが設立された. 従来の会長秘書室が機能別のスタッフ組織であったのに対し, 運営チームは各系列企業の経営全般を長期的に点検し, 改善が必要な部分を探し出して適切な対応策を講じるという任務を遂行した. これにより1987年時点の秘書室は企画調査, 人事, 財務, 金融, 弘報, 監査, 技術のスタッフ組織に運営チームを加えた構成となった[12]. 会長秘書室のスタッフ数も1972年には40名, 1980年には139名であったが, 1988年には250名にまで増加した. またこれに先立つ1985年の主要系列企業の役員構成をみると, すべての企業の監事に会長秘書室長の蘇炳海が就任している. 系列企業の経営を会長秘書室が直接モニタリングする体制を制度化したといえよう. 三星はグループ拡大に伴う組織上の非効率の問題に対して, 会長秘書室というグループ統括組織の強化によって対処しようとしたのであった.

(2) 1990年代の組織改革

1987年に新たに李健熙が会長に就任すると新会長の下で「第2創業」が宣言され, 1990年代に入ってグループ組織の抜本的な改編がおこなわれることになった. ここで三星グループがおこなった改革は, グループ本社の改編とグループ組織の多層化であった. これは1990年代にさらにグループの規模が拡大していくなかで, 1980年代の会長秘書室の強化ではグループ経営のガバナンス問題を解決し得なくなっていたための改革だと考えられる. まず1993年11月に三星グループでは大幅な役員交代人事をおこなって若返

---

12) 28階建て三星本館ビルディングの27階と28階のフロアを占め, スタッフの70%以上が課長, 代理以上の職員で, 肩書き上は三星物産の社員という位置づけであった(韓国経済研究院編[1995:201], 三星秘書室[1988:718]).

りを図ったが，同時に新たにグループ運営委員会を設置した．同委員会の設置の目的はグループ経営に俸給経営者の最高経営陣を積極的に参与させることにあったという（三星会長秘書室[1998 : 233]）[13]．

翌1994年10月に三星グループは新たなグループ組織改編を発表した．そこではグループの24の系列企業を電子小グループ，機械小グループ，化学小グループ，金融小グループの4つの中核事業群と独立事業群に再編した[14]．この4分野は三星グループがこの時期に政府が進めていた業種専門化政策において主力業種として申請した業種にあたる[15]．小グループには小グループ長と支援組織である戦略企画室[16]を置き，小グループ長は当該業種の主力企業のトップが就任する．さらに小グループ長はグループ運営委員会メンバーとなることになった[17]．その上で，グループ，小グループ，系列企業の関係を，①グループはグループ運営委員会を通じて事業ポートフォリオ戦略，社会貢献，国際化等，グループの進路・方針を決定し，企業文化と価値観を管理する役割を担う，②小グループは当該業種の長期ビジョンと戦略，企業別戦略及び事業調整，監査機能等を担当する，③系列企業は戦略及び方針の実践，業績に対する責任を負う，とした．特に人事については，給与や昇進，採用等，これまでグループが管理していたかなりの部分を小グループ長の権

---

13) 発足当初の委員は姜晋求三星電子会長，景周鉉三星重工業副会長，玄明官会長秘書室長，金光浩三星電子社長，黄善斗三星綜合化学社長，李大遠三星航空社長，申世吉三星物産社長の計7名であった．当初，委員には主要企業代表というよりも個人の資質から選任されたという（『毎日経済新聞』1993年11月4日）．

14) 1997年1月にさらに自動車小グループを追加し，5つの中核事業群の体制となった．

15) その意味でこの時期の小グループ制の発表は政府の財閥規制に対する対策の色合いも強かった．しかし，三星グループにおける小グループ制に近い制度導入の試みはすでに1970年代末から存在した．先にみたような会長秘書室によるグループ統制の強化が優先され，具体的な成果はあげられていなかったが，1980年代後半から徐々に定着する兆しをみせていたという（韓国経済研究院編[1995 : 202-203]）．こうした事前の動きがあったことにも留意する必要がある．

16) 小グループ制が実施される前の1993年から主力業種の中心企業には戦略企画室が設置されていた．これが小グループ制施行後にそのまま小グループ長支援組織として移行したとみられる（『毎日経済新聞』1994年10月26日，三星重工業[2004 : 620]）．小グループ制移行直前の時点で，戦略企画室のトップにはすべて会長秘書室出身者が就いていた（『毎日経済新聞』1994年11月8日）．

17) 1997年時点でのグループ運営委員会メンバーは，尹鍾龍電子小グループ長(三星電子社長)，李大遠機械小グループ長(三星重工業及び三星航空社長)，林慶春自動車小グループ長(三星自動車社長)，李洙彬金融小グループ長(三星生命社長)，姜晋求三星電子会長，李弼坤中国本社会長，玄明官三星物産副会長，金光浩光州本社会長，李鶴洙会長秘書室長の計9名である．この時点になると地域本社のトップがメンバーに名を連ねていることが目を引く（中央日報経済2部[1997 : 56]）．

限に移管することにした(三星会長秘書室[1998：296-299])[18]．これに対応するかたちで，小グループ制導入に先立つ1993年11月には会長秘書室を既存の11チームから8チームに[19]，先に導入した経営チーム(運営チームから改称)を5チームから2チームに縮小し，人員も200名から100名程度に減員を実施したという．また系列企業の監査を会長秘書室長が直接担う体制も廃止された(三星会長秘書室[1998：233])．

　以上のように三星グループはグループの拡大に対応するため，グループ会長―グループ運営委員会―会長秘書室からなるグループ本社を再整備するとともに，新たに事業ごとのサブグループである小グループを設けた．これにより事業ごとの意思決定権限の多くを小グループに委譲し，グループ本社は各事業の成果の監視・評価及びグループ全体の長期戦略の策定に特化する体制を整えた．

2．LGグループ

(1) 1985年までのグループ経営体制

　1962年までにLGグループは楽喜社の他，金星社，半島商事(LG商事)，楽喜油脂，韓国ケーブル(LG電線)，楽喜ビニール工業の計6社の体制となっていた．この段階では創業者である具仁會が6社すべての社長に就いていた．同年10月に具仁會は楽喜社を除く各社の社長職を兄弟や許準九たちに譲った．1968年1月に具仁會は楽喜社の代表理事会長及び「楽喜グループ会長」に就任したことを発表し，楽喜グループの形成を公式に宣言した．同月25日にはグループ統括組織として企画調整室が設置され，室長には共同経営者であって半島商事代表理事社長であった許準九が兼任した．同室は4部門からなり，第1部門は組織・人事，第2部門は生産・販売・購買，第3部門は財務，第4部門は長期総合計画の分析及び企画をそれぞれ管掌した[20]．

---

18) 例えば三星グループではそれまでグループ同一の賃金体系が適用されていたが，1995年からはまず経営実績に合わせて生産激励金名目のボーナスに差を設けることにした．その背景には一部業績のよい系列企業職員からの反発があったからだという(『賃金研究』1995年春，pp.114-115)．ただし，グループ一括の新卒公開採用試験の制度は維持され，応募者が小グループと職群(研究開発，ソフトウェア，国内営業，海外営業，保険証券，生産技術，経営支援)のなかから希望を出し，小グループごとに選抜がおこなわれた．応募者は同じ小グループ内で第3志望まで企業を指定することができたという(権秉順[1995：15-16])．
19) ソウル経済新聞産業部編[1995：169]によれば，ここで廃止されたのは企画チーム，国際チーム，技術チームであった．

表18 LGグループ最高協議機構の構成員

	名称	構成員(上段が創業者家族,下段が俸給経営者)						
1970	グループ運営会議	**具哲會**	具滋璟	具貞會	具平會	許準九		
		金柱弘	朴承燦					
1990	グループ政策委員会	**具滋暻**	許準九	具泰會	具平會	許愼九	具滋學	具斗會	具本茂
		李憲祖	卞圭七	崔根善	金志柱				
1995	グループ政策委員会	**具本茂**	具滋學	許昌秀	許東秀	具滋洪		
		李憲祖	卞圭七	鄭永儀	成在甲	李文浩		

注) 太字は議長,斜体字は企画調整室または会長室室長.
出所) LG [1997], LG化学 [1997], 中央日報経済2部 [1996].

　また同じく1968年2月からグループの協議・議決機構として,「姉妹企業」[21]のすべての理事・監事が参加する合同理事会が毎週木曜日に開かれることになった.グループの議決機関は1970年代中盤には姉妹企業の社長が参加して毎週火曜日に開催される社長団会議に移管された(金星電線社史編纂委員會編[1984:336-337]).あわせて1968年から1969年にかけてグループ共通の規定が多数制定された[22].

　1969年末に具仁會が死去し,代わって1970年1月に長男の具滋暻がグループ会長に就任した.会長就任後,グループの最高経営政策を決定するための経営委員会として新たにグループ運営会議が設置され,議長には具哲會が就いた.グループ運営会議の構成員のほとんどは具・許両家の家族経営者からなり(表18),創業者家族が就任当時45歳と若い具滋暻会長を補佐する役割を果たしたとみられる(LG[1997:207]).その後,グループ運営会議は,創業世代の家族がグループのなかで副会長ないしは顧問の職位に就任するにしたがって「会長団」とも称されるようになった.当初,元老会議的な性格が強かったとされるが(金星電線社史編纂委員會編[1984:337]),系列企業の数が増えて社長団会議が形式的な議決機関ないし会長からのグループ方針伝達機関となるに従って,グループ運営会議が実質的なグループの経営委員会とし

---

20) 1966年初めに企画調整委員会が設置され,グループの重要プロジェクトの決定を担当していた.企画調整室はこの企画調整委員会と,グループ監査も担当していた楽喜社の監査室が統合されるかたちで組織された.それ以前には1957年4月に楽喜化学工業社の企画室がグループの企画機能も担っていたという(楽喜40年史編纂委員会編[1987:245-247],金星電線社史編纂委員會編[1984:334-336]).
21) 「姉妹企業」とはグループの主要系列企業のことを指し,これら姉妹企業の傘下にある企業を「関係会社」と定義した(金星電線社史編纂委員會編[1984:336]).
22) すでに1962年からグループ共通の就業規定が存在したが,この時期にも人事考課,服務,人事,旅費といった人事関連の共通規定,それにグループ社規管理規定が制定された(楽喜40年史編纂委員会編[1987:249-252]).

ての役割を果たすようになったとみられる．これにより，グループ会長―グループ運営会議(ないし「会長団」)―企画調整室からなるグループ本社が完成をみることになった．1978年には企画調整室に長期経営戦略の樹立やCI・PR活動を担当する企画委員会が新たに設置されるなど，グループ本社機能がいっそう強化された．

(2) CU制の導入

　高成長の波に乗って積極的に多角化を展開したLGグループであったが，1980年代半ば頃からグループ拡大のなかでグループ組織上の問題が顕在化してきた．グループ次元での戦略的な資源配分と投資がおこなわれたとは言えず，その結果，系列企業間での事業の重複といった事態も生じていた[23]．1985年6月頃に企画調整室のなかから組織改革の必要性が提起され，同室内に「Fプロジェクトチーム」が発足した．同チームは問題点を整理して会長団に報告した．問題点は以下4点であった．
① 各社の事業領域が重複していて重点分野が不明確である．
② グループレベルのマネジメント機能が不明確で経営資源の配分機能が弱い．
③ 合弁企業の運営戦略が不明確で合作先の技術及び経営ノウハウを積極的に吸収する努力が不足している．
④ 全体的に生産中心の売り上げ成長を指向しているために顧客・市場ニーズへの対応が弱い．
①②③は中央のグループ本社による系列企業間の調整機能が十分に働いていないこと，④は他方で市場に近いはずの末端の系列企業では画一的な経営がおこなわれていて成果が十分にあげられていないとの指摘であった．これを受けてLGグループは，まず電機・電子事業を対象に「一事業一組織」体制への再編をおこなう「F-88プロジェクト」の実施を1986年3月の

---

23) その原因のひとつが系列企業に多数存在していた合弁企業である．LGグループは1970年代に技術導入を目的として電子産業を中心に多くの合弁企業を設立した．合弁相手は日本やヨーロッパの有力総合電子メーカーであった．当初，個々の合弁企業はそれぞれ異なる事業からスタートした．しかし，それぞれ事業を拡大するに伴って1980年代に入ると新たな成長分野への多角化を模索するようになった．新分野の選定には技術力を持つ合弁相手の意向が強く反映されたが，その結果，各合弁企業の間で同じ事業に進出する例が少なからず生じることとなったという(金星通信二十年史編纂委員会[1992:565])．

社長団会議で正式に決定した(LG[1997:420-421],金星通信二十年史編纂委員会[1992:527-533]).

　同プロジェクトではグループの電機・電子事業をひとつの「産業分野」と位置づけ,その下に家電,情報通信,素材・部品,産電の4つの「部門」,及び産業分野直轄の半導体事業本部を置き,系列20社を各部門と事業本部の傘下に分類した.各系列企業は「事業部」会社として各部門に属するかたちとなったが,金星社の場合,家電事業は家電部門に,情報機器事業は情報通信部門に,半導体事業は半導体事業本部にそれぞれ分かれ,金星半導体も情報通信部門と半導体事業本部に分かれて所属することになった.

　その上で,系列企業間で重複している事業の整理に着手した.例えば金星通信の場合,情報通信周辺機器及び同部品に特化することになり,金星電機から無線電話機,自動応答装置等の通信端末機器,さらにリードフレーム事業を譲り受ける一方,私設交換機事業を金星半導体に,システム事業を金星産電(LG産電)に移管することになった(金星通信二十年史編纂委員会[1992:533-535]).この事業整理によって各部門・事業本部の領域が明確となった.

　続いてLGグループは電機・電子産業部門での組織改編の試みを全グループに広げていき,1990年2月にCU(Cultural Unit)制の導入を発表した.これは同様の特性を持つ事業をひとつの事業単位=CUに区分してグループ組織を再編しようとするものであった.いくつかの系列企業をひとつのCUにまとめるケースもあれば,ひとつの法人をいくつかのCUに分離する場合もあった.例えば化学・石油関連企業4社は5つのCUに再編され,主力企業であるラッキーは一般消費財と精密化学の2つのCUに分割されることになった.F-88プロジェクトによって再編された電機・電子分野の系列企業は,家電,C&C(情報通信),産電の3つのCUに再度整理された(LG[1997:468]).その結果,それまで31社あった系列企業は26のCUに再編成されることになった(具[1993:77]).

　その上で経営を基本的にCUの自律性に委ね,社長もしくはCU長は事業投資の決定や資金調達等,事業経営の責任と権限を持つとともに,新たな経営者の育成という役割も担うこととされた.社長はグループ会長に対しては財務状況等,重要経営事項のみ報告し,グループ会長をはじめグループ本社

は日常的な経営には干渉しない運営体系を目指したのである．その上で，CU長にはすべて俸給経営者が就任した(LG[1997：469])．

(3) グループ本社の再編

　CU制の導入に先立つ1989年6月にLGグループはグループ本社の改革にも着手していた．具体的には新たにグループ政策委員会，人事諮問委員会，社長評価委員会の3つを設置した．このなかで政策委員会はグループ運営会議を改組したものであり，それまで各系列社の投資事項まで論議していたグループ運営会議とは異なり，「政策委員会はグループのビジョン及び戦略に関する事項と重要な経営方針を検討・審議する機構である」とした．人事諮問委員会は社長の後継者候補(副社長，専務理事，社長による専務理事への昇進推薦者)を評価する機構として，ビジョン及び課題実現のための能力とリーダーとしての資質を評価し，今後補完すべき点を助言する役割を担うとした．また社長評価委員会(のちにCU長評価委員会に改組)は社長の業績を評価する機構として短期業績よりも長期ビジョンの達成状況等，社長の経営活動全般に対して評価・助言する役割を担った．グループ政策委員会の議長は具滋暻会長であり，その他のメンバーもグループ運営会議の家族経営者がそのまま横滑りした．人事諮問委員会の議長は許準九，社長評価委員会の議長は具泰會と，いずれも家族経営者が担った(LG[1997：469-470])．

　その上で，翌1990年1月にはこれまでグループの管理・統制に大きな役割を果たしてきた企画調整室を，新しい自律経営体制にはマッチしていないとして縮小・再編した．具体的には，各社への支援機能を果たしていた部署は新たに設けた経営サービスセンターに移すとともに，会長の補佐機能を果たす組織として会長室を設置した(具滋暻[1993：93-101])．同年4月にはLGグループは以上でみたようなグループ組織のあり方，及び明文化した「経営憲章」，経営理念を具体化するための行動指針である「共通行動規範」を定めた．

　1995年2月に具滋暻に代わってそれまでグループ副会長の職にあった長男の具本茂がグループ会長となった．具本茂新会長はCU中心のグループ経営をおこなうことを再確認するとともに，CUの自律経営体制を確立するために系列企業の役員に対する人事権をCU長に委任し，経営に対する一切の

意思決定権をCUに移管することを宣言した．さらに，CUにおける俸給経営者中心の経営を担保すべく，会長諮問機構であるCU長評価委員会と人事諮問委員会はすべて俸給経営者で構成することとした．特にCU長の評価をおこなうCU長評価委員会には外部の人材も迎え入れ，評価の客観性を高めるように努めたという(LG[1997:616-617])．グループ政策委員会のメンバーも半数が俸給経営者となった(表18)．

3. 現代グループ

　解放以降，建設業を中心に成長を続けてきた現代グループだが，1967年の自動車事業進出や1968年の丹陽セメント工場の拡張など事業を多角化していくに従って，創業者の鄭周永が各系列企業の日常的な業務までこまかく管理していくことには限界が生じた．そこで，経営の効率性向上のためにグループの概念を導入し，グループの経営全般を会長が統括するシステムへ経営体制を変更した．具体的には，鄭周永が1968年7月に現代自動車の代表理事会長，同年12月に現代建設の代表理事会長に就任することにより，グループ会長に「推戴」された(現代グループ文化室[1997:495])．

　1970年代に入って系列企業がさらに拡大すると，現代グループはグループの統合・調整機能を担う組織の必要性を感じるようになった．1979年1月に現代建設，現代重工業，現代綜合商事の3社の企画室が統合され，グループ統括組織として総合企画室が設置された．総合企画室はグループ各社の企画業務を有機的に調整する橋渡しの役割を担うものとされ，新規事業開発・組織人事・弘報・財務調整・調査の5チームから組織された．同年10月には法制チームが新設されて6チーム制となった．1983年にグループ弘報室の新設に伴って弘報チームと調査チームを総合企画室から分離するとともに，法制チームを廃止して3チーム体制に再編された(現代グループ文化室[1997:610])．

　1987年に鄭周永が名誉会長に退き，新たに弟の鄭世永がグループ会長に就任した．この時期は景気拡大と経済自由化に伴って事業機会が増大しており，グループとしてそれに対応する体制作りが求められていた．現代グループは同年7月に新たに社長団運営委員会を設置した．それまでも系列企業トップの集まりとして社長団会議があったが，会長の方針をグループ全体に伝

達する機関にすぎなかった．社長団運営委員会はこれとは別途にグループ首脳による経営委員会を設けたもので，月2回，グループの年間・中長期計画や新規事業・新規設備投資に関する事項，企業の買収・売却や事業授受に関する事項，人事政策等，グループ経営上重要な意思決定事項を審議するために開かれることとなった．発足当時の運営委員メンバーは鄭世永会長を議長に，李春林現代重工業会長，鄭夢九現代精工会長，李明博現代建設社長，朴永郁現代綜合商事社長，鄭夢憲現代商船社長，李鉉泰総合企画室長，鄭勳沐現代エンジニアリング社長と，家族経営者3人，俸給経営者4人の計7名であった．1989年6月からは毎週月曜日開催となり，メンバーは総勢5人(家族経営者3人，俸給経営者2人)に縮小された．議題もグループ内のすべての懸案事項について広範囲に扱うこととし，議題に関連する系列企業の社長も会議に参加することになった(現代グループ文化室[1997：610])．

1980年代後半までにはグループ統括組織である総合企画室も拡大に転じた．組織は人事組織チーム，財務1チーム(税務，予算)，財務2チーム(金融)，財務3チーム(経営企画，実績分析)，財務4チーム(新規事業)の5チームに改編され，特にこの時期の新法人の立ち上げに大きな役割を果たしたという(現代グループ文化室[1997：610-611])．1995年1月に鄭世永会長は，他グループにならうかたちで現代グループも小グループ制を導入すると発表した．具体的にはグループ全体を重工業，電子，自動車，化学，製鉄・機械，建設の6つの小グループに分けて，小グループに大幅に権限を委譲するとした(『韓国日報』1995年1月26日)．

1996年1月に創業者次男(事実上の長男)の鄭夢九が新たにグループ会長に，創業者五男の鄭夢憲がグループ副会長に就任した．社長団運営委員会はグループ運営会議と名称を変更し，メンバーは業種を考慮して選任されることとなった．鄭夢憲副会長は電子・建設部門，李鉉泰現代石油化学会長がエネルギー・石油化学部門，鄭夢奎現代自動車会長が自動車部門，金正國現代重工業社長が重工業部門，朴世勇総合企画室長が総合商社とその他部門を代表して重要経営事項と投資問題等を協議することとなった[24]．しかし，小グループ導入の方針は新体制に引き継がれずに立ち消えになった．

---

[24] 後に金融部門の強化のために李益治現代証券社長が運営委員に追加され，金融部門を担当することとなった(現代グループ文化室[1997：1019-1020])．

現代グループは新会長就任直後の1996年7月に総合企画室に戦略企画チームが新設されるとともに，これまでの4つの財務チームを財務チーム，経営分析チーム，経営支援チーム，投資企画チームに再編した．新会長の下で金融，宇宙航空，製鉄など新規事業の推進が次々に打ち出され，総合企画室の企画機能はいつにも増して強化されたという(現代グループ文化室[1997：611])．

4．SKグループ

SKグループでは1973年に創業者の崔鍾建が死亡して以後，創業者家族のなかでは弟の崔鍾賢が会長としてほぼひとりで経営を牽引する体制となるなかで，グループ組織の整備が進められた．会長交代直後の1974年に会長直属のグループ統括組織として企画室を設置した．企画室は管理班，企画班，財政班，弘報班の4班からなっていたが，1976年に新たに電算班を加えて経営企画室として拡大・再編された．1975年からそのトップには崔鍾賢会長の懐刀と言われた孫吉丞が就き，1998年までこの職にあって崔鍾賢会長を支えることとなった．1985年，1991年，1997年の役員構成をみると孫吉丞は多くの系列企業で理事または監事に就任しており，三星グループと同様，創業者家族とは別にグループ統括組織のトップが系列企業をモニタリングする仕組みを導入していることがわかる．1993年の時点では1部(人事・組織管理)，2部(研究開発及び新規事業，長期計画)，3部(財務，税務，予算)，4部(マーケティング，生産・購買管理)，5部(業務統括)及びSuper Excellent推進チーム(SK独自の経営管理手法の普及推進)からなっていた[25]．ただし，三星グループにおける会長秘書室が，その組織自体は家族以外のメンバーで運営されていたのに対し，SKグループの経営企画室では，創業者家族の第二世代のほとんどが勤務経験を持っている．

さらに，1978年にグループの経営委員会として，グループ運営委員会が組織された．同委員会は「関係会社の総合的な運営に関する基本方針の協議と会長の経営意思決定を補佐する」(鮮京グループ弘報室[1993：1107])ことを目

---

[25] この他に経営企画室傘下に「アメリカ経営企画室」を置いていた．海外法人の管理を主な任務としていたとみられる(鮮京グループ弘報室[1993：1116]，『毎日経済新聞』1993年11月30日)．

的としていた．議長を崔鍾賢会長が務め，グループ内の主要な系列企業[26]で代表理事職にある俸給経営者及び経営企画室長がメンバーとなった．早くから俸給経営者のトップをメンバーとする委員会を設置して彼らをグループ経営に参与させることにより，創業者家族が少ないなかでも拡大するグループを効率的に経営する体制を整備していたといえるだろう．

1994年になって経営企画室は「構造調整の趨勢に合わせて」縮小されたという(SK企業文化室編[2006：126])．この時期，崔鍾賢会長が全国経済人連合会の会長として多忙を極めていたこともあり，SKグループも他のグループ同様に権限の下部委譲＝系列企業の自律経営の強化を宣言していた．経営企画室の縮小はそれに伴う措置とも考えられるが，詳細は明らかでない．

5. 組織改革とその限界

当初は創業者が各事業の経営に直接関与し，その他の家族経営者が創業者を補佐するかたちで経営をおこなってきた財閥だが，これまで見てきたように事業の拡大に伴ってグループ統括組織を持つようになった．グループ統括組織は単なる調整機能にとどまらず，各系列企業の間接部門を統合するようなスタッフ部門として大きな役割を担っていたとみられる．前節で見たような創業者家族の広範な経営参加と合わせ，会長を中心とした家族経営者―グループ統括組織による直接的な経営が1980年代半ばまでの各グループの経営スタイルであった．

しかし，事業が拡大するなかでグループ会長やグループ統括組織が系列企業の経営を十分に把握できないという組織上の非効率性に直面した．三星グループとLGグループの場合，俸給経営者を含む経営委員会を整備してグループ会長―経営委員会―グループ統括組織からなるグループ本社を確立するとともに，事業ごとにサブグループを新たに設置した．その上でサブグループに事業上の決定権限の一部を委譲するとともに，グループ本社はサブグループの監視及び業績の評価，並びにグループ長期戦略の策定に特化する組織改革を実行した．他方，現代，SKの両グループではグループ本社は形成さ

---

[26] 発足当時の1978年は鮮京合繊(SKケミカル)，鮮京建設(SK建設)，㈱鮮京，鮮京化学(SKC)の4社，1992年にはこれに油公が加わった計5社の俸給経営者のトップが運営委員会のメンバーとなった(鮮京グループ弘報室[1993：1108-1109])．

れたものの権限の下方委譲に向けた具体的な動きはみられなかった．

　長期計画の策定と資源の戦略的配分を担うグループ本社の成立と各事業を担う系列企業への権限委譲は，財閥の組織形態がチャンドラーやウィリアムソンの言う多事業部制組織に向かう試みであったと評価することができよう．

　しかし三星グループやLGグループにおける組織改革には一定の限界があったことも指摘しておく必要がある．第2章でみたように，各グループは政府の方針もあって系列企業の株式を積極的に公開したため，系列企業間で直接出資をおこなう複雑な所有形態を有していた．独占禁止法上でも純粋持株会社の設置が禁止されたため，財閥の経営組織は所有関係とは別に組織されることになり，グループ本社は法人格を持つ存在ではなかった．グループ権限委譲の対象となった小グループやCUといったサブグループも同様であり，そのため権限と責任の配分が曖昧になりがちであった．この問題は以前からグループ会長及びグループ統括組織と系列企業の間で存在したが，サブグループと系列企業の間でも同様に生じ，業務が複雑化して混乱を招く面もあったとされる[27]．権限と責任の配分が曖昧ななかで，結局は従前のようにグループ会長やグループ統括組織が系列企業の経営に直接関与するケースも少なくなかったとみられる[28]．

小　括

　1980年代後半から4大グループは規模の拡大と多角化の進展に伴う限界を克服するため，人と組織の両面での経営改革に着手した．しかし，改革の程度はグループによって大きく異なっていた．三星グループの場合，世代交代を契機に新会長以外の多くの第二世代は非主力企業の分与を受けてグループを離れ，グループに残った家族経営者はほぼ新会長ひとりとなった．そのため代表職を含め理事職のほとんどを俸給経営者が占めることとなった．これと並行してグループ会長と会長秘書室が系列企業の経営全般に関与する体

---

[27]　その意味でLGグループのある元役員は，CU制の導入は失敗だったと結論づけている（2009年7月14日のヒアリング）．
[28]　この点について明確な証拠は得られていないが，三星グループの場合，系列企業への権限委譲では1997年の通貨危機以降の改革がより決定的であったとする見方が一般的である（2003年8月19日三星電子，2009年11月12日三星経済研究所でのヒアリング）．

制にも変化が生じた．1990年代に入ってから事業別に小グループを組織して権限の一部を委譲するとともに，グループ会長―グループ運営委員会―会長秘書室からなるグループ本社を整備した．グループの重要事項を審議するグループ運営委員会も俸給経営者のみから構成されるなど，経営全般における俸給経営者のプレゼンスは非常に高いものとなった．

LGグループでも1990年代に家族経営者の世代交代がおこなわれたが，具・許両家から多数の家族構成員が経営に参加して一体となって経営をおこなうスタイルに変化はなく，経営における家族経営者のプレゼンスは三星に比べて高かった．ただし，俸給経営者の数は顕著に増加するとともに，企業の代表職に就任するなど俸給経営者の台頭もみられた．またLGでも三星同様にCUと呼ばれるサブグループに日常の経営権限を委譲する組織改革がおこなわれた．この改革のなかでCU長をすべて俸給経営者にするとともに，家族経営者の協議機関としての性格が強かったグループ政策委員会にも俸給経営者が台頭するなど，人の面での経営改革も合わせて進行した．

三星，LGに比べると現代グループの経営改革は十分には進まなかった．世代交代に伴って多くの家族経営者が経営に参加するようになったことはLGグループと同様であったが，家族経営者による分割統治的色彩が生まれてきていた．その一方で三星やLGと同様にグループの本社機能とサブグループを整備する改革も進めようとしたが，結局，実現しなかった．逆にグループ統括組織である総合企画室を新規事業のために拡充するなど，ちぐはぐな動きもみせた．SKグループは当初家族経営者が少ないなかで，早くから系列企業の代表職，及び経営委員会にあたるグループ運営委員会の委員に多くの俸給経営者が就任していたが，第二世代の家族経営者が台頭することにより俸給経営者の台頭は足踏みをみせた．経営権限の下部委譲もほとんど進まなかった．

三星とLGでは事業規模の拡大に伴う組織の非効率性に対応すべく，多事業部制組織に向けての組織改革が進められたと言える．しかし，権限の委譲先が法人格を持たないサブグループであったこともあって改革は不完全なものであり，その解決は通貨危機後の構造改革を待たねばならなかった．

第4章
俸給経営者の経歴とグループ経営

　前章で明らかになったように，韓国主要財閥の系列企業及びグループ経営において創業者家族ではない，俸給経営者のプレゼンスが上昇してきた．序章でも論じたように，森川英正は俸給経営者をそのキャリアパスから内部昇進者，ワンダーフォーゲル経営者，天下り経営者の三つに分類した(森川[1996])．ワンダーフォーゲル経営者及び天下り経営者は企業ないしグループの内部では十分に経営者を養成できていない場合，また外部から技術や経営ノウハウの導入や政府等とのコネクションが必要な場合の経営者の類型といえる．これに対し，内部昇進者は，森川が言うように社内ないしグループ内での長い勤務経験で培った社内ネットワークを経営に生かすことができるというメリットがある．とりわけ創業者家族にとって，前章で論じたように，日常の経営権限の一部をサブグループや系列企業へ委譲するにあたって信頼に足る経営者は，グループに精通した内部昇進の経営者であるはずである．以下では，三星，LG，現代，SKの各グループの俸給経営者層の経歴とその変化を分析し，1980年代後半から1990年代後半までの間に，いずれのグループでも内部昇進者の比率が上昇したこと，グループ間で違いはあるが系列企業間の異動を経験している経営者が多い事実を確認する．さらに各グループとも早くから大卒者の公開採用をおこなって体系的に幹部候補の人材を養成してきたことが内部昇進経営者の増大を支えていることを指摘する．

第1節　俸給経営者の経歴

　経営者といっても，韓国財閥の主要系列企業の場合，前章でみたように理事会の規模が非常に大きく，すべての理事会メンバーを経営者とみることには無理がある．また日本の一般的な企業とは異なり，韓国の企業グループにおける社長，副社長，専務といった呼称は，個別企業内の役職ではなくグル

第4章　俸給経営者の経歴とグループ経営

ープ全体での職階を意味する[1]．そこで，グループの経営において一定の役割を果たしている人材として，ここでは各グループの主要系列企業における専務以上の役員[2]（創業者家族を除く）について，1985 年，1997 年のそれぞれの職歴及び入社時の学歴を確認する[3]．利用データには人物によって情報量に精粗があるため，以下の分析においても正確性には一定の限界があることを断っておかねばならない[4]．

　経歴をみるにあたっては6つのカテゴリーに分類した．役員（ここでは「理事」）昇進以前に当該時点で在籍しているグループ以外に職歴が見いだせないか，あったとしても数年（原則として5年以下）にとどまる者を「グループ生え抜き」とした．このなかで職歴が当該時点で在籍している系列企業以外見いだせない者を「在籍企業のみ」に，同じグループ内の他の系列企業で勤務した経歴を見いだせる者を「グループ内異動経験」に分類した[5]．さらに，一定程度外部で経歴を積んだ後に役員未満の職でグループ入りし，その後役員に昇進した者を「中途入社」，現在所属しているグループ以外の企業に所属した経験があり，役員としてグループに入社した者を「外部迎え入れ」に分類した．この他に，一度グループから転出した後に再度グループ入りした役員など，これまでの4つのカテゴリーに分類できないものを「その他」に，理事及び理事相当職に就く以前の経歴がわからないケースを「不明」にそれぞれ分類した．この6つのカテゴリーとは別に，それまでの経歴にかかわら

---

[1] そのため，ある系列企業に複数の「社長」がいるケースも，逆にひとりもいないケースも存在する．ある系列企業で「社長」という肩書きを持つ役員は，同じグループの別の系列企業に移った場合でも（昇格・降格がない限り）「社長」という肩書きのままである．

[2] ただし，企業規模に違いがあるとはいえ，時期ごとの人数の違いは，同じ「専務」以上でもグループ内での位置が大きく異なる可能性がある．専務以上とするのはあくまでも便宜上の処理であり，これが適当であるか今後慎重に検討する必要がある．

[3] 役員名簿は第3章と同じく主に韓国上場会社協議会[各年版]を用い，足りない部分を毎日経済新聞社[各年版]，LG[1997]，現代グループ文化室[1997]で補った．経歴に関するデータは，主に中央日報の人物データベース『Joins 人物情報』(http://people.joins.com/)を利用し，韓国上場会社協議会[各年版]及び全国経済人聯合会[各年版]で情報を補充した．

[4] 『Joins 人物情報』は現在公開されている範囲で最も網羅的かつ詳細な人物データベースだが，それでも人物によって情報量には精粗があり，入社年度や役員昇進前の経歴がはっきりしないようなデータも少なくない．

[5] 現在の所属企業以外にグループ統括組織にのみ所属した経験がある者も「グループ内異動経験」とした．会長秘書室やグループ経営企画室などのグループ統括組織の人員は，それぞれグループ内の系列企業に所属し，給料も在籍系列企業から受け取りつつ，「派遣」のかたちで統括組織の業務をおこなっている．ここでは，正式な他企業への異動を一度も経験していなくても，統括組織への派遣を経験した者は「グループ内異動経験」に分類している．

ず，グループ統括組織に所属した経験がある，もしくは当該時点で所属しているとみられる者の人数も合わせて確認した．

1. 三星グループ

(1) 役員の経歴

三星グループの役員構成をみたものが表 19 である．1985 年の時点でグループ生え抜きの比率が過半数を占め，外部から迎え入れた役員は 3 分の 1 程度となっていた．1997 年になるとグループ生え抜きの比率が上昇し，全体の 6 割強を占めるようになっている．その一方で，外部迎え入れ役員の比率が顕著に低下し，1997 年は 1985 年の半分以下の 15% にとどまっている．

特に注目されるのは，生え抜き役員のなかでも「グループ内異動経験」の比率だけで全体のほぼ半数を占めていることである．1997 年の場合，このカテゴリーに含まれる経営者は少なくとも理事昇進前に平均 1.3 回，理事昇進以降には平均 1.9 回の系列企業間の異動の経験を確認できる．三星グループでは役員に抜擢されるような人材については，系列企業を超えたグループ全体で人事政策をおこなっていたことになる．ただし，1985 年と 1997 年を比べると「グループ内異動経験」の比率は 51-52% と一定であり，1997 年における生え抜き役員比率の上昇は「在籍企業のみ」の増加によるものであることがわかる．

表 20 はグループ生え抜きの役員のなかで，グループ入社年が把握できた者の入社時配属企業と平均入社年をまとめたものである．1985 年時点の生え抜き役員の平均入社年は 1964 年であり，すべての経営者が 1950 年代に創業した系列企業に最初に入社している．特に，三星グループの母体企業である三星物産よりも，第一毛織に入社した役員が多い．1997 年になると第一製糖入社の経営者も三星物産を上回るようになっている．製造業 2 社を初職とする経営者が多いのは，生産管理や技術開発などに技術系の高等教育を受けた人材を多く必要としたこと，販売・管理部門でも工業簿記等，工業関連の知識をまず習得させることを重視し，そうした人材がその後に昇進の機会を得ることになったなどが考えられよう[6]．初職が中央日報・東洋放送であ

---

6) なかでも第一毛織経理課は「三星士官学校」と称されることがあるが，表 20 の数字はそれを裏付けているとも言える．

表19 三星グループ系列企業役員（専務級以上）
の経歴　　　　　　　　　　　　　　　（人）

	1985年	(%)	1997年	(%)
企業数	12		11	
合計	45	100	123	100
グループ生え抜き	24	53	76	62
在籍企業のみ	1	2	12	10
グループ内異動経験	23	51	64	52
中途入社	4	9	19	15
外部迎え入れ	15	33	19	15
その他	0		7	6
不明	2	4	2	2
会長秘書室経験	4	9	38	31
学卒	40	89	106	86
修士	3	7	10	8
博士	2	4	7	6
その他	0		0	
人文社会系	26	58	64	52
理工系	19	42	59	48

(出所) 本章注3)を参照.

表20 三星グループ生え抜き役員の
入社時配属企業　　　　　（人）

	1985年	1997年
第一毛織	10	16
第一製糖	2	10
三星電子	0	9
第一合繊	0	5
中央日報・東洋放送	5	5
三星物産	2	4
三星生命	1	4
韓国肥料	0	2
全州製紙	0	1
その他	0	4
計	20	60
平均入社年	1964	1970

注) 表19のグループ生え抜きのなかで入社
年が判明する者のみ示している.
出所) 本章注3)を参照.

る役員が1985年から1997年まで一定数存在するが，これは当初は東洋放送の放送通信関連の技術者が三星電子の創設にかかわったこと，後には記者から調査職に転身した者がいたことによるものである．1997年には三星電子を初職とする役員が増えているが，そのほとんどがその後のキャリアを電子関連の系列企業で重ねている．このことが1997年における「在籍企業のみ」

の役員比率上昇の要因となっている．

　1997年の「グループ内異動経験」者の異動パターンをみると，入社時の配属企業としてプレゼンスの高い第一毛織，第一製糖から他の系列企業へと異動していくケース，比較的事業内容が近い系列企業間を異動するケース（建設とエンジニアリング・不動産，生命保険と損害保険等）が多い．しかし，それだけでなく，企業内での具体的な配属部署がわかる事例からは，各社の管理部や経理部といった管理部門を異動していくケース，商社である三星物産と他の系列企業の輸出部や海外支店を異動するケースを確認できる．この他には各系列企業の工務部門や商品開発部門の間を異動した役員もみられる．間接部門や海外販売部門などでグループでの人材の共通化がある程度図られていたことがわかる．特に財閥の商社については，グループの海外販売窓口の性格が強いと指摘されてきたが，このことがグループ内の人事異動からもうかがい知ることができる．

　プレゼンスを低下させた「外部迎え入れ」組をみてみると，1985年時点で最も「外部迎え入れ」が多かった系列企業は三星綜合建設であり，専務以上の俸給経営者7名がすべて役員として三星グループ入りしている．三星綜合建設は1977年創業であり，国内の建設業者としては後発であった．そのため，事業立ち上げに際してまずは事業経験者を多く外部からリクルートする必要があったものとみられる．7名のうち韓国銀行出身の1名を除く6名が国内外の建設企業出身者である．この他には三星重工業や三星航空も「外部迎え入れ」が相対的に多かったが，やはり三星グループが重化学工業部門で後発であることに加え，軍需関連事業であるために軍人出身の役員が若干名いることによるものである．表21は「外部迎え入れ」役員の前歴をみたものである．後でみる他のグループと異なり，グループ全体としては政府・軍関係からのリクルートはそれほど多くなく，他の民間企業出身者が多い．また1997年になると外資系・外国企業からのリクルートが増えているが，この多くは半導体・通信企業から三星電子を中心とした電子関連系列企業に迎え入れられた役員である．

　ここで注目すべき点は，会長秘書室に在籍経験がある，もしくは当該時点で在籍しているとみられる役員の比率が上昇し，1997年には全体の約3分の1に達しているという点である（表19）．会長秘書室への在籍がその後の昇

表21 三星グループ外部迎え入れ役員の前歴　(人)

	1985年	1997年
政府・軍等	2	3
公営企業	3	
銀行	1	
大学・研究所	1	2
外資系・外国企業	1	4
国内民間企業	7	9
その他		1
計	15	19

出所) 本章注3)を参照.

進への大きな窓口になっているといえよう[7]. 1997年時点での会長秘書室在籍経験者38名をもう少し詳しくみてみると，役員昇進前に在籍経験がある者は24名，役員昇進後に経験した者も24名で，役員昇進前に在籍した後，役員としても会長秘書室に在籍した者は10名である．ただし，キャリアのすべてが会長秘書室である役員はいない[8]．会長秘書室経験者の前歴をみると，全体の傾向同様に初職が第一毛織，第一製糖，第一合繊出身者が多いが，興味深いのは中央日報・東洋放送出身者が4名存在し，そのすべてが記者出身という点である．中途採用者及び外部迎え入れ役員にも通信社記者，銀行調査部，大学講師といった前歴の者が含まれており，情報収集や調査関連業務が会長秘書室の重要な役割のひとつであったことをうかがわせる．

(2) 入社時の学歴

次に表19から役員の学歴構成とその変化をみてみよう．ここでは役員がそれぞれグループに入社した時点での学歴をみている[9]．全体を通じて学卒者の比率が圧倒的に高い．ただし，若干だが1997年になると博士号取得者が増えている．1997年の博士号取得者の場合，いずれも三星電子など電子関連系列企業に在籍しており，ひとりを除くと半導体や情報通信関連の外国

---

7) 表19で1997年に会長秘書室に在籍しているとみられる役員は8名いるが，そのなかで4名はそれ以前にも会長秘書室に在籍した経験がある．
8) 正確には，後でみるように弁護士事務所から三星電子に迎え入れられた役員は，キャリアのすべてが実質的に秘書室在籍である可能性がある．
9) 各グループ就職後に修士号，博士号を取得した者も多い，特に役員昇進後の学位は名誉的性格のものが少なくないので，ここでは除外した．

表 22 三星グループ役員の経歴の職階別・出身学科別構成(1997年)　　(人)

副社長以上	グループ生え抜き		中途入社	外部迎え入れ	その他	不明	計
	在籍企業のみ	グループ内異動経験					
人文社会系	0	22	5	0	3	1	31
理工系	3	7	3	8	2		23
計	3	29	8	8	5	1	54

専務	グループ生え抜き		中途入社	外部迎え入れ	その他	不明	計
	在籍企業のみ	グループ内異動経験					
人文社会系	1	22	6	2	1	1	33
理工系	8	13	5	9	1		36
計	9	35	11	11	2	1	69

出所）本章注3)を参照.

系企業もしくは研究所の出身で中途採用もしくは役員として迎え入れられてグループ入りしている．三星の電機・電子事業がIT分野に大幅にシフトするなかで，即戦力の人材が必要になったためとみられる．役員の学歴を理工系学科とそれ以外の人文社会系学科に分けてみると，理工系の比率が徐々に上昇し，人文社会系とほぼ拮抗しつつある．電機・電子及び重化学工業の系列企業では理工系学科出身者が相対的に多いが，三星グループ全体でこれら業種の系列企業の役員数が大幅に増加していることが影響している．

　1997年における役員の経歴を出身学科別に，さらに副社長以上と専務クラスに分けてみたものが表22である．副社長以上は人文社会系学科出身者が相対的に多いのに対して，専務クラスは理工系が多くなっている．副社長以上と専務の間で理工系には昇進の壁があるのか，それとも世代的要因であってやがては理工系の専務も副社長に昇進していったのかは，これだけでは判断できない．第6章で2000年代の役員構成をみるときに改めて考えることにしたい．人文社会系学科出身者は副社長以上，専務を問わず，一部中途採用者を除くとグループ生え抜き，それもグループ内異動経験者が大半である．人文社会系で役員に昇進するような人材は系列企業を渡り歩いていることになる．逆に，「在籍企業のみ」と「外部迎え入れ」の役員は副社長以上，専務を問わず理工系学科出身者がほとんどである．理工系学科出身者には事業に特化した専門性が求められているといえるだろう．ただし，理工系出身者でもグループ内異動経験者が多く存在する．部署がわかる範囲では，先に述べた複数企業で工務関係や販売，商品開発の部門を経験している役員の多

くがこれにあたる．理工系内部昇進者の場合，特定企業でキャリアを積むコースと，人文社会系出身者同様に複数企業を異動するコースのふたつのキャリアパスが存在していることがわかる．

2. LG グループ

(1) 役員の経歴

1985 年時点の LG グループの役員構成では役員としてグループに迎え入れられた者が多くて 4 割近くを占めており，中途入社を含めると 50% を超えていた(表 23)．三星，それから後でみる現代と比べて外部の人材に大きく依存していたことになる．しかし，1997 年になるとその比率は 10% 程度にまで大幅に低下している．代わってグループ生え抜きの役員の比重が 3 分の 2 にまで大幅に高まることになった．1985 年時点でグループ内異動経験のある役員の比率では全体の 3 分の 1 強と三星に比べて低かったが，この比率は 1997 年になってもほとんど変わっていない．その代わりに在籍系列企業のキャリアのみ持つ役員の比率が大幅に上昇している．LG グループの場合，1980 年代後半以降，事業が隣接する系列企業間での合併や事業譲渡等が頻繁におこなわれたため，「在籍系列企業」の定義を広くせざるを得なかったことがある程度反映しているとみられるが，他グループと比べて系列企業間の異動が相対的に少ないことは LG グループのひとつの特徴であると言える．

表 24 はグループ生え抜き役員の入社企業と平均入社年を示しているが，1985 年時点の役員の平均入社年は 1961 年であり，母体企業の LG 化学だけでなく，1960 年代初頭にすでに設立されていた LG 電子と LG 電線に入社した役員も多かった．1997 年になると平均入社年は 1969 年となり，LG 化学と LG 電子だけでなく，1967 年にアメリカのカルテックス社と合弁で設立された LG カルテックス精油に入社した役員も多くなっている．グループ内異動経験のある役員のキャリアをみると三星と同様の傾向があり，隣接事業(電子と電気機器，電子と情報通信，石油と化学)や総務・会計等の管理部門や海外販売部門の間での異動，会長室への異動などがみられるが，全体として役員になってからの異動が多く，人名録等からみる限り，役員昇進前の異動のケースは頻繁にはみえない．

外部から役員として迎え入れられた役員の前職をみたものが表 25 だが，

表23 LGグループ系列企業役員(専務級以上)の経歴 (人)

	1985年	(%)	1997年	(%)
企業数	16		19	
合計	57	100	107	100
グループ生え抜き	27	47	70	65
在籍企業のみ	6	11	33	31
グループ内異動経験	21	37	37	35
中途入社	7	12	14	13
外部迎え入れ	22	39	11	10
その他	0		0	
不明	1	2	12	11
会長室経験	9	16	18	17
学卒	35	61	96	90
修士	14	25	8	7
博士	3	5	3	3
その他	5	9	0	
人文社会系	38	67	55	51
理工系	19	33	52	49

出所) 本章注3)を参照.

表24 LGグループ生え抜き役員の入社時配属企業 (人)

	1985年	1997年
LG化学	9	22
LG電子	7	26
LG電線	3	2
LGカルテックス精油		10
その他	1	2
計	20	62
平均入社年	1961	1969

注) 表23のグループ生え抜きのなかで入社年が判明する者のみ示している.
　　1997年はグループ組織現職5名を含む.
出所) 本章注3)を参照.

表25 LGグループ外部迎え入れ役員の前歴 (人)

	1985年	1997年
政府・軍等	8	2
公営企業		1
銀行	3	
大学・研究所	3	3
外資系・外国企業	4	3
国内民間企業	4	6
その他		
計	22	15

注) 1997年はグループ組織現職4名を含む.
出所) 本章注3)を参照.

1985年時点は政府・軍関係の出身者が多いことが大きな特色となっている.銀行も韓国銀行や公営銀行である市中銀行の出身者である.不足する経営に必要な人材を比較的人材が豊富な政府・公的部門から補った側面のほかに,事業を進めるにあたって政府・公的部門と強い人的関係を構築する必要があったとも解釈できる.また1985年からすでに大学・研究所や外国企業から役員を積極的に迎え入れていたこともももうひとつの特徴である.電子,建設,商社など,受け入れ先の企業は多様である.1997年になると外部からリク

ルートした役員の絶対数は減少し，特に公的部門から迎え入れた役員が大幅に減少している．内部昇進者で充当できるようになったことに加え，1990年代になると政府との人的関係が事業にそれほど重要ではなくなったことを示すものといえるだろう．

　グループ統括組織である会長室に在籍経験がある者の比率は三星ほどではないにせよ一定数存在し，役員昇進前，昇進後を問わず昇進のひとつのルートとなっている．1997年時点で表23にある会長室の在籍経験者18名，及び在籍中の役員8名の計26名の経歴をみると[10]，グループ生え抜きが20名，中途入社が2名，外部迎え入れが3名，不明が1名である．やはりグループ本社の一角を担う会長室は生え抜きでほぼ固められていることがわかる[11]．

(2) 入社時の学歴

　表23から，LGグループの役員は圧倒的に学卒採用者が中心であり，それに大きな変化がないことがわかる．むしろ，1997年は役員数が増加しているのに修士課程まで終えて入社した者は減少しており，博士号取得者も3名で横ばいである．また，1985年には「その他」に入っている高卒者や軍士官学校出身者も1997年には存在しないため，学卒者中心が際だつことになっている．

　出身学科別にみてみると，1985年時点では理工系学科出身者が3分の1にとどまって人文社会系学科出身者が大半だったにもかかわらず，1997年には理工系学科出身者が半数近くにまで達していることがわかる．特に建設や電子，化学，その他メーカーの役員は理工系学科出身者が多数派となるに至っている．これに対して金融，流通関係の系列企業はほとんど人文社会系学科出身者である．1997年における役員の経歴を出身学科別に副社長以上と専務クラスに分けてみた表26から，副社長以上は人文社会系学科出身者，専務は理工系出身者が多いことが確認できるが，それほど大きな差はみられ

[10) 1997年はLG[1997]から会長室などグループ組織に在籍中の役員を確認することができるが，1985年は資料がなく不明なため，両年を比較できるように表23から会長室在籍中の役員は除外してある．
11) 1997年の会長室在籍経験もしくは在籍中の役員で入社時点と入社企業が確認できる16名の内訳をみると，LG化学9名，LG電子5名，LG電線1名，LGカルテックス精油1名と，生え抜き役員全体と比べるとLG化学入社のプレゼンスが高くなっている．

表 26 LG グループ役員の経歴の職階別・出身学科別構成(1997 年)　　(人)

副社長以上	グループ生え抜き		中途入社	外部迎え入れ	その他	不明	計
	在籍企業のみ	グループ内異動経験					
人文社会系	7	17	4	3	0	2	33
理工系	10	7	2	4	0	4	27
計	17	24	6	7	0	6	60

専務	グループ生え抜き		中途入社	外部迎え入れ	その他	不明	計
	在籍企業のみ	グループ内異動経験					
人文社会系	4	9	6	1	0	2	22
理工系	12	4	2	3	0	4	25
計	16	13	8	4	0	6	47

出所)　本章注 3)を参照.

ない．三星や現代と同様に，副社長以上は人文社会系出身者のグループ内異動経験のある生え抜き役員が，専務には理工系学科出身者の在籍企業のキャリアのみの生え抜き役員がそれぞれ多い．三星ほど明瞭ではないが，人文社会系は複数企業を経験するのに対し，理工系学科出身者は特定系列企業でキャリアを積んで各事業での専門性を深めていると言えるだろう．1997 年時点での会長室への在籍経験者ないし在籍中の役員 26 名の場合，理工系学科出身者はわずか 3 名にすぎず，三星同様にグループ統括組織は人文社会系学科出身者中心の人員で運営されていることがわかる．

3. 現代グループ

(1) 役員の経歴

表 27 は現代グループのキャリア別役員構成をみたものである．現代グループの場合，役員昇進以前の経歴がわからない「不明」の者が多いため厳密な比較は難しいが，三星グループと同様の傾向をみてとることができる．すなわち，1985 年時点では 30% 強にとどまっていた現代グループ生え抜きの役員の比率が，1997 年には全体の半数を超えて 60% 近くに達するようになっている．その一方で，1985 年時点では約 3 分の 1 を占めていた外部から迎え入れられた役員の比率が 1997 年には顕著に低下している．グループ生え抜きのなかでグループ内異動経験のある役員の比率はほぼ一定であり，グループ生え抜き比率の増加は三星と同様に「在籍企業のみ」の役員が大幅に増加したことによる．

表27 現代グループ系列企業役員(専務級以上)の経歴　(人)

	1985年	(%)	1997年	(%)
企業数	19		19	
合計	70	100	206	100
グループ生え抜き	24	34	119	58
在籍企業のみ	2	3	54	26
グループ内異動経験	22	31	65	32
中途入社	11	15	35	17
外部迎え入れ	24	34	28	14
その他	1	1	2	1
不明	10	14	22	11
総合企画室経験	2	3	2	1
学卒	51	73	184	89
修士	12	17	12	6
博士	5	7	7	3
その他	2	3	3	1
人文社会系等	45	64	103	50
理工系	25	36	103	50

出所)　本章注3)を参照.

　1985年時点での入社年が判明する生え抜き役員の平均入社年は1966年で，ほとんどが現代建設からキャリアをスタートさせている(表28)．1960年代半ばに現代建設に入社した社員が，グループが拡大するなかで様々な系列企業に散らばり役員に昇進するに至っていたことが1985年のグループ役員構成に表れているといえる．その後，1967年に現代自動車が，1970年に現代重工業が設立されてそれぞれ新卒社員が入社することとなったが，これら社員がそのまま各企業でキャリアを重ねて1990年代に入って役員に昇進したことにより，1997年の「在籍企業のみ」グループ生え抜き役員の比率が上昇することになった．

　グループ内異動経験者の異動パターンをみると，やはり母体企業である現代建設と次に規模を拡大した現代自動車から新たに設立された系列企業へ異動したケース，隣接事業部門(自動車と部品・機械，土木建設と住宅建築販売業)間の異動のケースが多いが，これに加えて三星同様に総合商社とメーカーの輸出部及び海外支店の間を異動するケースが多くみられる．やはりグループ内の海外販売部門で人材の共通化が図られていたことがわかる．

　次に表29から外部から役員として迎え入れられた者の構成をみてみると，1985年時点ではLGグループほどではないが政府・軍出身者のプレゼンス

表28 現代グループ生え抜き役員の入社時配属企業 (人)

	1985年	1997年
現代建設	15	31
現代自動車	3	29
現代重工業		9
仁川製鉄		4
現代海上火災		2
その他・不明		7
計	18	82
平均入社年	1966	1970

注) 表27のグループ生え抜きのなかで入社年が判明する者のみ示している.
出所) 本章注3)を参照.

表29 現代グループ外部迎え入れ役員の前歴 (人)

	1985年	1997年
政府・軍等	6	3
公営企業	1	4
銀行	3	2
大学・研究所		5
外資系・外国企業	4	2
国内民間企業	9	10
その他	1	2
計	24	28

出所) 本章注3)を参照.

が高い．しかし，1997年には絶対数でも減少している．一貫して一番多かったのは三星グループ同様，他の民間企業からの転身組である．最も外部迎え入れ役員が多かった系列企業は現代重工業で，創業者家族以外の専務以上役員18名中少なくとも9名が外部招聘である．現代重工業は船舶から重機械まで様々な製品を扱っている．韓国の造船業や重機械産業では公営企業の歴史が古いことから，これら公営企業から現代グループに移った者が多かった．また軍需関連事業も大きいためか軍出身役員も在籍している．1997年になっても，役員全体のなかでの比率が下がったとはいえ同社の外部迎え入れ役員は依然として多い．1997年になると大学・研究所出身者が増えているが，これは現代電子にアメリカのベル研究所から4人の研究者を役員として迎え入れていることが大きい．三星電子と同様に，IT分野の事業拡大のためには高級人材の即戦力が必要であったとみられる．

　現代グループと三星，LG両グループとの最大の違いは，グループ統括組織である総合企画室に在籍したキャリアを見いだせる役員が総合企画室長経験者を除いてほとんど見いだせないことである．その理由として，他グループのグループ統括組織と比べて規模が小さかった可能性があること，また母体企業である現代建設などの1セクションとして運営されていた可能性などが考えられるが，詳細は明らかでない．

(2) 入社時の学歴

　表27に現代グループの役員の入社時の学歴を示している．「その他」は高

校及び軍士官学校卒業者が含まれている．やはり学卒者がほとんどで，1997年になっても修士，博士号取得者はそれほど増えていない．人文社会系学科と理工系学科の比率では大きな変化がみられ，1985年には全体の3分の1強であった理工系学科出身者が1997年にはちょうど全体の半数にまで達している．これはもともと理工系役員比率が高かった現代建設や現代重工業，現代電子が役員数を増加させたことに加え，それまで役員に理工系人材が少なかった，もしくは皆無であった現代自動車や現代綜合商事で理工系役員が増えたことによるものである．現代自動車では従来役員は一般管理部門出身者が主体であったが，生産管理部門出身と思われる者が役員になっている．現代綜合商事では鉄鋼，エネルギー，船舶といった事業のエキスパートとみられる役員が理工系出身者である．これに対して金融，物流，流通(小売り)関連の系列企業はもともと理工系役員が少ない上に，役員数の増加も重化学工業の系列企業ほどではなかった．

さらに1997年における役員の経歴を出身学科別に，副社長以上と専務クラスに分けてみると(表30)，三星グループと同様に副社長以上は人文社会系学科出身者が，専務は理工系学科出身者が相対的に多い．また三星と同じく人文社会系はグループ生え抜きでグループ内異動経験者が多い．ただし，在籍企業のみキャリアを持つ役員や中途入社も少なくない．また三星ほど明確ではないが，理工系出身の専務クラスは在籍企業のみか，外部迎え入れが多いという専門性を反映した傾向が見られる．

表30 現代グループ役員の経歴の職階別・出身学科別構成(1997年)　　　(人)

副社長以上	グループ生え抜き		中途入社	外部迎え入れ	その他	不明	計
	在籍企業のみ	グループ内異動経験					
人文社会系	5	22	8	4	0	6	45
理工系	6	6	7	3	1	6	29
計	11	28	15	7	1	12	74

専務	グループ生え抜き		中途入社	外部迎え入れ	その他	不明	計
	在籍企業のみ	グループ内異動経験					
人文社会系	13	25	13	3	1	3	58
理工系	30	12	7	18	0	7	74
計	43	37	20	21	1	10	132

出所）本章注3)を参照．

4. SK グループ

　表 31 から SK グループの経歴別の役員構成を確認すると，1985 年には外部から迎え入れた役員が 4 割近い比率を占めていたが，1997 年になるとこれが低下して代わってグループ生え抜き役員の比率が上昇している．こうした傾向は他グループと同様だが，グループ生え抜きのなかの構成は異なっている．すなわち，他グループではグループ内異動経験者がほぼ横ばいのなかで在籍所属企業でのキャリアのみ有する役員の比率が上昇しているのに対し，SK グループでは逆に在籍企業のみの比率が低下し，グループ内異動経験者の比率が上昇している．これは買収を通じて多角化をおこなった SK グループの成長過程に由来している．SK グループは 1970 年代後半までは繊維を中心とした中堅財閥のひとつに過ぎなかったが，1980 年にそれまでのグループ全体よりも資産規模が大きかった大韓石油公社（油公，後の SK ㈱）を買収した．既存の経営体制を大きく変更しないという判断からか，1985 年時点で油公の役員の大半は旧油公出身者で占められ，SK 側からはオーナーである崔鍾賢会長と，生え抜き経営者ひとりが代表理事として理事会入りする体制が敷かれた．表 31 では旧油公出身者も「グループ生え抜き」としてカウ

表 31 SK グループ系列企業役員（専務級以上）の経歴　　　　　　　　　　　　　　　（人）

	1985 年	(%)	1997 年	(%)
企業数	8		11	
合計	23	100	43	100
グループ生え抜き	10	43	25	58
在籍企業のみ	6	26	12	28
グループ内異動経験	4	17	13	30
中途入社	4	17	6	14
外部迎え入れ	9	39	10	23
その他	0		1	2
不明	0		1	2
経営企画室経験	2	9	5	12
学卒	17	74	33	77
修士	4	17	6	14
博士	0	0	4	9
その他・不明	2	9	0	
人文社会系	16	70	28	65
理工系	7	30	15	35

出所）本章注 3)を参照．

表32 SKグループ生え抜き役員の入社時配属企業 (人)		
	1985年	1997年
SKグローバル	3	2
SKケミカル	1	7
SK㈱(旧油公)	4	9
計	8	18
平均入社年	1964	1968

注)表31のグループ生え抜きのなかで入社年が判明する者のみ示している.
出所)本章注3)を参照.

表33 SKグループ外部迎え入れ役員の前歴 (人)		
	1985年	1997年
政府・軍等	1	2
公営企業		1
銀行	1	
大学・研究所	1	2
外資系・外国企業		3
国内民間企業	4	2
その他	2	
計	9	10

出所)本章注3)を参照.

ントしており,そのため「在籍企業のみ」の比率が高い水準になっている. 1997年になると油公へのSK出身の生え抜き役員数が会長の他3名に増えるとともに,SK海運,SKガス等,旧油公系の他の系列会社にもSK側役員が増えている.他方,1994年に同じく公営企業である韓国移動通信(SKテレコム)を買収したが,同社は買収当時の規模が小さかったこともあってか1997年には専務以上の役員はSK生え抜きと中途入社,それに旧油公出身者で占められることになった[12].その結果,全体としてグループ内異動経験者の比率が高くなっている.

表32はグループ生え抜き役員の入社時の配属企業と入社年を示している.油公の規模の大きさとそれに伴う理事会の人数の多さを反映して,1985年,1997年ともにSK出身者と旧油公出身者がほぼ同数の構成となっている. 1997年には旧油公出身者は1966-68年入社,SK出身者は1969-71年入社の生え抜き組が専務以上で多く役員入りを果たすことになった.旧SK出身者では1985年時点では母体企業であるSKグローバルが初職である者が多かったが,1997年の役員ではSKケミカルが多数になっている.ポリエステル原糸メーカーであるSKケミカルの設立は1969年で,SKグループが中小企業から大企業へ飛躍する契機となった.同社の設立を機に大量の大卒者を採用したことがうかがえる.

グループ統括組織である経営企画室の経歴を確認できる役員は1997年時

---

[12] ただし,SKテレコムの常務以下の役員12名中8名は旧韓国移動通信出身であり,またここでは取り上げていないが非登記役員というかたちで多くの韓国移動通信出身者を登用している.既存の人材に事業運営の多くを依存しつつ,SKグループの役員が上から束ねる体制になっていたと言える.

表34 SKグループ役員の経歴の出身学科別構成(1997年)　　　　　　　(人)

副社長以上	グループ生え抜き		中途入社	外部迎え入れ	その他	不明	計
	在籍企業のみ	グループ内異動経験					
人文社会系	4	6	3	5	0	0	18
理工系	0	3	1	2	1	0	7
計	4	9	4	7	1	0	25

専務	グループ生え抜き		中途入社	外部迎え入れ	その他	不明	計
	在籍企業のみ	グループ内異動経験					
人文社会系	5	1	2	1	0	1	10
理工系	3	3	0	2	0	0	8
計	8	4	2	3	0	1	18

出所)　本章注3)を参照.

点で5名である．これだけで特徴を見いだすことは難しいが，このなかで外部迎え入れの役員が2名と，他のグループに比べてプレゼンスが高くなっている．役員としてリクルートされた者の前職を示したものが表33である．人数が少ないこともあって，ここから明瞭な特徴をみつけることは難しい．1997年時点で他グループと比べて民間企業出身者が相対的に少ないのは，独寡占事業体であった旧公営企業の2社が事業の中核にあることを反映しているかもしれない．

　SKグループの役員の入社時の学歴も他のグループ同様に学卒者が中心となっているが，大学院修了者のプレゼンスが相対的に高い(表31)．また1997年の時点でも理工系学科出身者の比率がそれほど高くなっていないことも他グループとは異なる点である．石油・化学系企業であるSK㈱とSKCでは理工系学科出身の役員が相対的に多いが，それ以外の企業では半数以下にとどまっている．表34の1997年の出身学科別・経歴別・職階別の役員構成からは，副社長以上は専務クラスと比べて相対的に人文社会系学科出身者が多い点は共通しているが，それ以外は他グループのような特徴を見いだすことはできない．グループ内異動経験の有無と出身学科の関係について明瞭な傾向がみえない点は，先に述べたような公営企業の合併を通じて拡大を遂げた経緯が大きく作用しているとみられる．

第4章　俸給経営者の経歴とグループ経営

第2節　大卒者公開採用と幹部育成

　以上でみたように，いずれのグループも1985年の時点では役員全体の半分前後は外部から迎え入れ，もしくは中途入社組で占められていた．しかし1990年代後半になるとグループ生え抜きの俸給経営者が専務以上の役員の多数を占めるようになっていた．その背景として各グループとも早い段階で大学卒業者を積極的に採用し，グループ内部で幹部養成をおこなってきたことがあげられる．特に三星，現代，LGの場合，グループ一括で大卒者に対する公開採用をおこなった．三星グループの場合，1954年に三星物産が大卒社員の公開採用試験を実施して4名を採用し，1956年に第一製糖と第一毛織が大卒社員3名の公開採用をおこなっていた．翌1957年から国内企業グループでは最も早く大卒者のグループ一括の公開採用を開始した．1957年には2千名余りの応募者の中から27名が採用となり，入社後1カ月間の研修の後，第一毛織16名，三星物産8名，第一製糖3名の配属となった．三星グループの場合，その後も大卒者の多くをグループ公開採用で選抜し，その数は1957-59年に55名，1960-69年に631名，1970-79年に4160名，1980-86年には1万1890名に達した（三星秘書室[1988：149-151]，三星会長秘書室[1998：60]）[13]．

　LGグループではLG化学の前身である楽喜化学工業社が1956年にソウル大学工学部及び法学部に卒業生の推薦を依頼するというかたちで初めての学卒者採用をおこなった．翌1957年に新聞広告等を実施することにより本格的な大卒公開採用を開始した（LG[1997：67-69]）．その後はしばらく系列各社がそれぞれ採用をおこなっていたが，1967年からグループ共同で大卒社員の公開募集を行い，新入社員への教育訓練もグループ共同で実施するようになった．グループの新入社員公募は高い人気を博したという[14]．

---

[13]　三星グループではこのような「公採」の他に，専門性に応じて随時採用する制度を特別採用（「特採」）と呼んできた．1996年になると専門職，例えばデザイン，広告，グラフィックなどについても「特殊専門職公採制」を実施するようになった．この場合，通常の筆記試験ではなく適性検査と実技評価，及び面接で選抜がおこなわれた（権秉順[1995：16]）．

[14]　1967年9月の初めてのLGグループ一括公開採用試験には銀行や国営企業の試験と同時期にもかかわらず募集人数138名に1038名が応募したという．最終的に入社した新入社員130名の出身大学は，ソウル大学18名，高麗大学16名，延世大学24名，漢陽大学38名と

第 2 節　大卒者公開採用と幹部育成

　現代グループでは母体企業である現代建設が 1959 年から大卒者の公開採用を始めている．当初は数人程度の採用であったが，1963 年には 69 名，1966 年には 100 名の大学新卒者を採用し，1968 年には 220 名の新規採用をおこなうなど，1960 年代後半から大卒社員の採用を拡大していった(現代グループ文化室[1997 : 497-498])．系列企業が増えるなかで現代もグループ一括採用を開始した．現代自動車の 1969 年の大卒 1 期生 30 名のうち，25 名は現代自動車が独自に採用したが，残る 5 名はグループ公開採用者であった(現代自動車[1987 : 51-52])．

　SK グループではグループ一括の公開採用は実施していないが，1965 年に鮮京織物(SK グローバル)に 2 名のソウル大学商学科卒業者が入社し，初めての大学新卒者採用となった[15]．油公では公営企業として創立時の 1962 年から大卒の公開採用を実施していた．すでに 1985 年にはこれら大卒の 1 期生が専務以上で役員入りを果たしている[16]．SK グループ編入後の 1981 年からはグループと連携しながら採用がおこなわれるようになった(油公二十年史編纂委員会[1983 : 324-325])．

　各グループともこうした公開採用の実施によって多くの人材を集めた．表 35 は 1997 年の各グループ生え抜き役員の出身大学をみたものだが，いずれのグループもソウル大学，延世大学，高麗大学など，以前から韓国では有力校として知られる大学出身者が多いことがわかる．こうして採用した人材をこれまで論じてきたようなグループ内でのキャリアを通じて経験を積ませるとともに，人材養成機関においてグループレベルでの社員教育をおこなった．三星は 1977 年に研修院(三星人力開発院)，LG は 1988 年に人和苑を，現代は 1980 年に中央研修院(現代人力開発院)，SK は 1975 年に鮮京研修院(SK アカデミー)をそれぞれ設立している．そこでは新入社員から役員に至るまで職階

　　有名大学から多数が入社した(金星社[1985 : 280-282])．ただし，系列企業独自の大卒者採用も多くおこなわれた．金星社(LG 電子)の場合，1970 年から 1979 年まで合わせて 1150 名の大卒者を採用したが，このうちグループ一括採用者は 317 名であった(金星社[1985 : 484])．

15)　孫吉丞と李順石がソウル大学商学科に在学中，学徒軍事訓練団(ROTC)で経理将校として軍服務を終えた後に入社した．2 人はその後，SK グループの会長，副会長にまで昇進を果たした(SK 企業文化室編[2006 : 87])．

16)　油公では 1983 年時点で役員 16 名中 8 名が同社公開採用の出身者で占められていた．この他に部長級の 41%，次長の 53%，課長の 50% が公開採用で入社した者であったという(油公二十年史編纂委員会[1983 : 325])．

表35 4大グループ生え抜き役員の
出身大学(1997年)　　　　　(人)

	三星	LG	現代	SK
ソウル大学	21	26	35	14
延世大学	8	14	11	1
高麗大学	16	9	18	3
漢陽大学	8	8	20	1
成均館大学	5	2	6	2
釜山大学	4	9	4	1
嶺南大学	6	3	1	0
仁荷大学	2	2	8	1
その他	9	9	16	2
計	79	82	119	25

注)　学部出身校. LGはグループ会長室等現職6名を含む.
出所)　本章注3)を参照.

ごとにグループ合同研修をおこない，基本的な業務スキルの他，グループとしての価値や問題解決法の教育をおこなってきた.

例えば1990年代半ばの現代グループの現代人力開発院の場合，新入社員研修の他，新任の代理，課長，次長，部長，役員に対する研修に加え，職種に合わせて総合業務管理，技術管理，国際営業，海外契約，営業管理，資材管理などの職務教育課程も備えていた．この他に電算教育や語学教育もあり，正確な時間数では比較できないがプログラムの数では各系列企業レベルよりもグループレベルの研修が遥かに多くなっていた(権秉順[1995]，現代グループ文化室[1997])．三星人力開発院も同様に階層教育，職能教育，技術教育をおこなうとともに，年間約300名を1年間海外に派遣して現地事情を自由に学ばせる「地域専門家」課程を持っていた[17]．

以上のように4大グループは有力大学から人材を公開採用によって集め，これら人材を内部昇進させるなかでグループ内での様々なキャリアや社内教育を通じてグループ幹部としての育成を図った．その結果，1990年代には必要な経営者の大半をグループ生え抜きの人材でまかなえる体制を整えたと言えるだろう．

---

17) 1994年時点で三星の社員は平均4.3回の教育を受け，そのために三星グループは年間900億ウォン以上の教育費を準備していたという(『経営界』1994年9月号, pp.18-19).

小　括

　1985年時点での4大グループでは役員の3割から4割は外部から役員としてリクルートしてきた者が占めていた．しかし，1997年になると外部から迎え入れた役員の比率は大幅に低下した．代わって新卒もしくは大学卒業後まもなく各グループに入社した，いわばグループ生え抜きの役員の比率が大幅に上昇することになった．グループによって差はあるが，主に大学の人文社会系学科出身者はグループの母体企業から新規設立企業への異動や各系列企業の管理部門や海外販売部門と総合商社の間での異動，さらにはグループ統括組織への出向というかたちでグループ内異動をおこなうのに対し，理工系学科出身者は一部の工務部門や商品開発部門を除き，ひとつの企業のみで基本的にキャリアを積んでいる傾向がみられた．人文社会系学科出身者を中心としたグループ内の人事異動は，グループ全体で人材という資源の配分がおこなわれていることを示すものと言えよう．

　序章でも触れたように，アムスデンと曳野孝は開発途上国において非関連事業への多角化による企業グループが形成される要因として，企業に蓄積されたプロジェクト遂行能力が非関連の事業でも共用される可能性を指摘し，その証左として韓国の財閥における系列企業間の人事異動をあげた(Amsden and Hikino[1994])．本章の分析からは，役員に昇進した者に限っているが，その経歴から財務・経理など管理部門や海外販売部門，一部の工務や商品開発の分野では業種を越えた人事異動の例を多く確認することができた．しかし，理工系学科出身者で特に工場管理や研究開発部門などに在籍していた役員は系列企業間異動を経験した者は少ないなど，人材の異動を通じたグループ内知識の共有には一定の限界があり，やはり業種ごとに知識の専門性が存在するとみられることには留意しておく必要がある．

　生え抜き役員の増加は，各グループが有力大学から優秀な人材をグループ一括採用などによって集め，これら人材をグループ内教育と内部昇進を通じてグループ幹部として育成してきたことによるものであった．ここで確認できた1980年代半ばから1990年代後半にかけての役員構成における外部リクルート役員の比率の低下と生え抜き役員の比率上昇は，前章で論じた俸給経

営者の台頭と一部権限委譲の議論と整合的である．生え抜き役員は外部からリクルートした役員と比べてグループの経営方針，経営スタイルをより広く，深く知る立場にある．加えて長い期間にわたって共に仕事をしてきた経験から，家族経営者にとって生え抜きの役員は外部リクルート役員よりも経営の権限を委ねるにあたってより信頼できる存在のはずである．1990年代の主要財閥において進行した俸給経営者の積極的な登用と日常的な経営権限の下部委譲は，俸給経営者層にグループ生え抜きの者が多くなったからこそ可能になったと言えるだろう．

第5章

通貨危機後の構造調整とグループ内出資

　1997年の通貨危機は韓国の経済,そして韓国の財閥にとって大きな転機となった.危機と前後して多くの財閥の経営が行き詰まり,上位財閥のなかでも大宇グループが破綻し,事実上解体された.また本書で取り上げている現代グループも大きく分裂し,現代グループ本体は大きく規模を縮小することとなった.しかしその他の3グループ,三星,LG,SKは大きな分裂等はないまま危機後の混乱を乗り切り,その後も順調に成長を続けている.また現代グループから分裂して生まれた現代自動車グループは急速に拡大し,上位グループの仲間入りをするに至っている.

　本章と次章では通貨危機後の4大グループについて分析を進めるが,本章ではまず通貨危機から2000年代に至る4大グループの成長の姿を確認した上で,特に通貨危機直後の構造調整に焦点をあてて,三星,LG,現代,SKの各グループが,通貨危機後にどのように構造調整をおこなったのか,そのなかで分裂した現代グループと他の3グループでは何が違っていたのかを,第2章に引き続きグループ内出資に焦点をあてて論じていく.

　第1節では通貨危機から2000年代を通じての韓国経済の動きと4大グループの事業展開を整理する.第2節と第3節では通貨危機直後の企業構造調整政策とそれへの対応としての各グループの構造調整の取り組みを確認し,特に資本増強策としてのグループ内出資の重要性を指摘する.第4節ではこれを受けて通貨危機直後の各グループ内での出資状況を分析し,どのグループも資本増強を通じて経営が悪化した系列企業の救済をおこなったこと,SKグループと現代グループはそればかりでなく企業買収を通じて事業拡張を図ったことを指摘する.第5節では三星,LG,SKの各グループが通貨危機後も安定したパフォーマンスをみせたこと,これに対して現代グループは分裂を契機に没落していったことを確認するとともに,2000年代に入ってグループ内出資行動にも変化がみられることを指摘する.

第5章　通貨危機後の構造調整とグループ内出資

第1節　通貨危機後の韓国経済と4大グループ

1. 1990年代末から2000年代の韓国経済

　1997年秋に韓国経済は深刻な外貨資金の流出に直面し，同年11月に韓国政府は国際通貨基金(IMF)に対して緊急融資を申請した．韓国ではそれに先立つ1997年初めから大型の企業倒産が相次ぎ，その結果として金融機関に不良債権が累積していた．これに懸念を強めた海外の金融機関や投資家が一斉に韓国の金融機関から資金を回収したことによって急激な外貨の流出，すなわち通貨危機が発生した．通貨危機直後の1998年にはIMFからの融資のコンディショナリティーもあって，政府は緊縮的なマクロ経済運営，不良債権の処理と金融機関の再編，それに伴う企業整理など一連の構造調整政策を実施した．同年に韓国経済は1980年以来のマイナス成長を記録するに至った．

　1999年には金融構造改革の進展と金融緩和策への転換の効果もあって韓国経済は急速な回復をみせた．特にウォン安による輸出の増加が経済回復に大きく貢献した．さらに携帯電話網やブロードバンドがいち早く普及したことによってIT産業が急速に勃興した．またその後も2000年代半ばまでウォン安基調が持続したこと，自動車や船舶，半導体メモリ，携帯電話やデジタル家電，鉄鋼などの重化学工業の分野で製品の高付加価値化に成功したこと，中国やインドなど新興国市場の拡大などにより輸出は好調を維持した．他方，株式及び社債市場の活況とその後の投資信託会社の連鎖危機，コスダック市場の活況に後押しされたベンチャーブームとその崩壊，クレジットカード会社の相次ぐ破綻など，金融・証券市場では不安定な状況が続いた．これにウォン安による交易条件の悪化も加わって，国内消費は以前ほどの伸びを示さなかった．そのため内需向け産業は沈滞が続き，輸出関連産業との格差が顕著となった．

2. 通貨危機後の4大グループの事業展開

　それではこの間，財閥の事業規模と範囲にはどのような変化がみられたのであろうか．図16は三星，LG，現代，SKの各グループの資産額の推移を，

第1節　通貨危機後の韓国経済と4大グループ

　図17は系列企業数の推移をみたものである．また表36は売上高から各グループの事業構造をみたものである．ここからは，三星，LG，SKの3グループと現代の間での違いが顕著になっている．以下，確認してみよう．

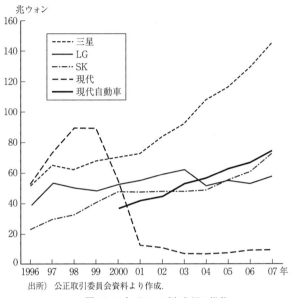

出所）公正取引委員会資料より作成．

図16　4大グループ資産額の推移

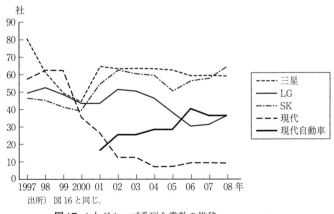

出所）図16と同じ．

図17　4大グループ系列企業数の推移

表36 4大グループの事業構造

	年	飲食料品	紙・木材・出版	石油・化学・非金属	1次金属製品・機械	電機・電子	運輸装備	電気・ガス・エネルギー	建設
三星	1997		0.54	4.43	0.64	29.25	4.85		
	2002			4.52	0.95	35.63	3.02		0.16
	2007			7.16	1.81	49.8	5.39		
LG	1997			20.05	3.32	29.17		1.81	3.71
	2002			23.76	1.59	24.82		3.05	3.65
	2007	0.64		17.71		56.26	0.08	0.5	
SK	1997			40.74	0.13			1.21	4.9
	2002			29.16		1.52		3.1	2.72
	2007		0.05	26.53	0.01	0.75	0.25	4.58	6.54
現代自動車	2002				10.05		88.37		0.02
	2007			0.23	14.57	1.28	74.62		1.38

出所) KISLINE データより作成.

　三星グループの資産額の伸びは通貨危機後に若干足踏みするものの，2000年代に拡大基調に入っている．これは三星電子が半導体，液晶パネル，携帯電話，デジタル家電といった IT 産業において世界有数の企業にまで成長したことを反映している．このことは表36で三星グループの産業構成が電機・電子に集中していることにも表れている．系列企業数は通貨危機直後に減少したものの，すぐに持ち直してその後は横ばいである．1998年と2002年では系列企業数は同じ62社だが，26社が入れ替わっている．グループから消えたケースとしては中央日報社など普光グループの分離，三星自動車のルノー社への売却，三星商用車の清算などがあるが，その他は規模が極めて小さな企業が大半である．新規企業も三星 NEC モバイルディスプレイ，三星コーニングマイクロオプティクスなど電子関連の外資との合弁企業がある他はネット関連の小規模企業が多くなっている．

　LG グループの系列企業数は2000年代前半までほぼ横ばいだった．LG 半導体や LG ハネウェルなど1980年代後半以降に設立した企業をグループから切り離す反面，通信事業のデイコムの買収などもおこなっていた．またパソコンや LCD など既存の事業を外資との合弁として別会社化したことも系列企業を増やすことになった．しかし，2000年代半ばからは減少をみせている．これは詳しくは次章で論じるように，2000年代半ばに家族内・家族間分割をおこなったこと，また金融部門をすべて売却ないし金融機関に譲り渡したためである．これによって金融の他，エネルギー，金属，建設，小売業が切り離され，LG グループには化学，電子，情報通信，商社が残ること

(%)

流通	レジャー・文化・教育	運輸倉庫	情報通信	不動産・リース	事業支援サービス	金融	ハーフィンダール指数
35.32	1.07		0.99	0.01	1.8	21.1	0.260
28.25	0.69	0.2	1.45		1.65	23.5	0.266
7.93	0.98	0.57	1.87		2.68	21.8	0.311
35.36	0.2	0.41	0.75		1.24	3.99	0.255
26.04	2.32		6.11	0.67	0.16	7.83	0.199
8.44	0.03	0.37	12.22	2.2	1.55		0.371
34.84	0.33	3.85	12.29			1.71	0.307
39.44	0.41	2.34	18.27		0.07	2.98	0.277
32.47	0.69	3.11	22.96		1.66	0.41	0.236
0.21	0.02	0.7	0.03			0.62	0.791
	0.06	2.97	0.54		0.14	4.21	0.581

になった.電子事業ではLG電子がデジタル家電と携帯電話で好調で三星電子と同様に成長したことに加え,液晶パネル製造のLG-LCDもグループ内に持っている.電子事業の拡大のため,LGグループの資産額は事業の切り離しの後もほぼ同水準で推移しており,電子事業がグループの売り上げの半分以上を占めるに至っている.

SKグループの場合資産額は通貨危機後も一貫して増大している.系列企業数も危機後に一時減少したが,その後は増加傾向にある.都市ガス事業の強化のために当時アメリカ最大のエネルギー企業であったエンロン社と合弁企業を設立するとともに国内各地の都市ガス卸会社を相次いで買収した.またSKテレコムは携帯電話事業でライバル会社であった新世紀移動通信を買収して加入者数で国内シェア50%を占める巨大企業となった.エネルギー分野では石油,ガスの小売事業,情報通信関連ではネットビジネスへと事業範囲を拡大しており,この2大事業でグループの売り上げの約半分を占めている[1].

これに対して最も激しい変化にみまわれたのが現代グループである.現代グループは通過危機直後に規模を拡大させたものの,その後急速に縮小してしまっている.危機直後の拡大は構造調整に乗じてLG半導体や起亜自動車などの企業買収を積極化させたためであったが,その後,創業者家族内の不

---

[1] 表36から,三星,LGの両グループは3分の1程度あった流通業のシェアを大幅に縮小しているのに対して,SKはほぼ同水準を維持していることがわかる.三星,LGはグループ内商社をグループ輸出入の窓口とすることをやめているのに対して,SKグループはこれを維持していることが一因と考えられるが,この点はさらに検討が必要である.

和によってグループが大きく分裂してしまった．さらに現代建設や現代電子，現代投資証券などグループの有力企業が相次いで経営を悪化させて銀行管理となってグループを離れたため，現代グループは規模，系列企業数とも大幅に縮小することとなった．代わって現代グループから自動車と鉄鋼部門が分離して設立された現代自動車グループが新興国市場への自動車輸出を中心に急速に成長を遂げた．同グループは電装品製造など自動車関連事業や金融業などにも新たに進出している．

第2節　通貨危機の発生と構造調整

先にみたように通貨危機の発生は1990年代半ばの企業の財務構造の悪化が大きな引き金となった．財務構造の悪化は4大グループも無縁ではなかった．通貨危機後に韓国政府は企業の財務構造の改善のために構造調整政策を実施した．以下では通貨危機直後において，政府が具体的にどのような政策を進めたのか，そして各グループが政府の政策に対応してどのように財務構造を改善したのかをみていきたい．

1. 通貨危機後の企業構造調整

通貨危機直後の1998年1月に，翌月に大統領に就任予定の金大中が上位企業グループの会長4人を招いて懇談会を開いた．この席上，金大中側から企業改革について5項目が提示され，各グループ会長もこれに同意した．これはのちに「財閥改革5項目」と称され，新政府の大企業グループ政策において中心的位置を占めるようになった．その5項目とは，①企業経営の透明性の向上，②企業グループ内債務保証の解消，③財務構造の画期的改善，④核心部門の選定と中小企業との協力強化，⑤支配株主及び経営陣の責任強化，であった．

この5項目のなかで企業構造調整のための方策としてすぐに着手された改革が②③④であった[2]．②③は1997年12月3日に韓国政府とIMFとの間

---

[2] これ以外の，①企業経営の透明性の向上と，⑤支配株主及び経営陣の責任強化といったガバナンス改革は会社法改革を軸に2000年まで段階的に実施された．通貨危機後のガバナンス改革については第6章で触れる．

で合意された緊急融資の条件に盛り込まれていた．通貨危機の直接的な契機となった大企業の連鎖倒産・経営危機は，過度に借入れに依存した拡張経営をおこなってきたことによるものであり，グループ内で複雑に入り組んだ債務保証がグループ全体の経営破綻へと至ったことへの反省に基づくものであった．④はIMFとの合意にはない項目であったが，韓国政府が長年持っていた大企業グループに対する批判的視角が表れている．すなわち，大企業がたこ足的に事業を拡張して経済全体を支配し，中小企業の事業領域まで侵害しているとの認識である．大企業グループが多くの事業分野で投資を拡張させたことが過剰投資を深刻化させ，さらに経営資源の分散による国際競争力の低下を招き，通貨危機の背景となったと捉えられていた．

2.「ビッグディール」と「財務構造改善約定」の締結

　構造調整策の具体的政策として，まず公正取引委員会が1998年2月に独占禁止法を改正し，大規模企業集団に指定されている企業グループに対して新規の系列企業間債務保証を禁止するとともに，既存の債務保証についても2000年3月末までに解消するよう定めた．次に同年6月に金融監督委員会が上中位クラスの財閥の系列企業55社の整理を発表した．このなかには現代，三星，大宇，LG，SKの上位5大企業グループ系列の20社が含まれていた．しかし，これ以降の政府の企業構造調整策は，上位グループとそれ以外の企業とでは明らかに異なる政策がとられるようになった．上位グループ以外の企業に対しては，一時的に資金繰りが悪化している企業を対象に債権金融機関と当該企業が協調して利払い及び返済の猶予をおこなう私的整理のスキームである「ワークアウト」による構造調整を進めることとした．他方，上位グループに対してはさらなる企業整理をおこなうように要求するとともに，企業グループが自発的に相互に非主力事業を交換することによって事業の集約化を図る，いわゆる「ビッグディール」を進めるよう求めた．ここで企業規模別に政策を区分したのは，構造調整に伴う費用負担能力の違いによるものであった．すなわち，上位グループについては資産整理等をおこなえば資金余力があることから費用は基本的に企業がすべて負担することとしたのに対し，それ以外の企業については損失負担能力に限界があるために，債権者である金融機関も一定程度費用を負担する仕組みを準備したのである[3]．

第5章　通貨危機後の構造調整とグループ内出資

　ビッグディール計画は財界団体である全国経済人連合会(「全経連」)を仲介役として企業間の折衝が進められた．1998年9月に全経連は7業種についてビッグディールに各社が合意したと発表した[4]．その後さらなる構造調整の努力を求める政府と企業，金融機関の間で折衝が続けられ，同年12月に各グループは1999年末までに負債比率を200%以下に抑えること，そのために系列企業整理・資産売却等の具体的な構造調整策を実行することを約束した「財務構造改善約定」を主取引銀行との間で締結した．

第3節　4大グループによる構造調整の実施

　以上のように上位財閥には，他企業・グループとは別個の改革スキームが用意され，その即時実行が求められた．特に負債比率については200%以下に引き下げるとの明確な数値目標が定められていた．事業整理や資産売却を通じて負債を削減することが想定されていたのである．
　それでは実際に三星，LG，現代，SKの各グループはこれにどのように対応したのであろうか．表37から4大グループの資産規模の推移を再確認してみよう．1997年から2000年に限ってみると，SKは総資産額がむしろ増加している．現代も1999年までは他のグループ以上に資産額が増加していることがわかる．これに対して三星の資産類はほぼ横ばいであり，LGグループはわずかに減少しているが，全体として想定されたような大幅な資産の売却はおこなわれなかったことになる．ただし，人員整理は苛烈であった．表37から，各グループとも1997年から1999年までの2年間で，従業員数を大幅に削減したことがわかる．
　資産額に増加もしくは大きな変化がない一方で，各グループとも1999年末までに負債比率を200%以下に引き下げることに成功した．表37からわ

---

　3)　パクヨンチョル・キムドンウォン・パクギョンソ[2000:189-190]を参照．ワークアウトは，金融機関の不良債権処理と再編を進める過程で大規模倒産が拡散するのを防ぐための，緊急避難的な政策という性格も強かった．のちに上位グループのひとつである大宇グループが1999年8月に破綻すると，その系列12社に対してもワークアウトのスキームが適用されることになった．
　4)　石油化学，航空機，鉄道車両，発電車両，船舶用エンジン，半導体，精油の7分野が対象となった．その後，大宇電子と三星自動車の交換計画も発表された．ビッグディール政策の詳細については，安倍[2000]を参照．

表37 4大グループの財務構造・従業員数の変化　　（10億ウォン，％，千人）

グループ名		1996年	1997年	1998年	1999年	2000年
三星	総資産	47,069	63,525	60,240	64,388	62,837
	総負債	34,658	50,043	43,153	38,398	31,836
	自己資本	12,411	13,481	17,087	25,990	31,001
	（負債比率）	279.2	371.2	252.6	147.7	102.7
	当期純利益	80	182	−75	2,047	7,373
	従業員数	164,001	167,826	131,184	121,870	128,958
LG	総資産	37,019	51,156	47,639	46,088	49,350
	総負債	28,901	42,782	36,171	27,509	30,821
	自己資本	8,117	8,374	11,468	18,579	18,529
	（負債比率）	356.0	510.9	315.4	148.1	166.3
	当期純利益	352	−420	−249	3,580	1,360
	従業員数	116,544	118,537	102,005	79,099	89,721
SK	総資産	22,697	28,997	31,510	39,546	46,323
	総負債	18,078	23,805	22,513	22,607	27,922
	自己資本	4,620	5,192	8,998	16,940	18,402
	（負債比率）	391.3	458.5	250.2	133.5	151.7
	当期純利益	329	219	432	1,009	1,322
	従業員数	29,848	28,920	22,387	22,068	21,457
現代	総資産	52,795	72,398	86,234	87,189	50,638
	総負債	43,052	61,737	71,285	52,591	38,854
	自己資本	9,743	10,661	14,949	34,598	11,784
	（負債比率）	441.9	579.1	476.8	152.0	329.7
	当期純利益	186	−90	−10,373	897	−6,631
	従業員数	187,660	189,918	175,503	164,148	93,552

注）財務指標は金融部門を除く．従業員数は金融部門を含む．図16とは計算方法が異なるため，資産額の数字に違いがある．
出所）KISLINE, チェスンノ[各年版]より作成．

かるように，その達成は負債の圧縮ばかりでなく，自己資本の増加にもよるものであった．資本増加のための有力な方法のひとつが資産再評価であった．多くの企業は取得原価で計上していた有価証券やその他資産を時価で再評価するとともに，その再評価分を資産評価積立金に計上して資本勘定に組み入れた．こうした会計上の操作によって一定程度資本を増加させることが可能であった．表38にあるように，各グループとも1998年に資産評価積立金をかなり積み増していることがわかる[5]．

資産再評価という会計処理上の方策だけでなく，この時期の自己資本増強策として大きな役割を果たしたのが有償増資，つまり新規の株式発行による資金の調達であった．表38からは各グループとも1998年，1999年と多額

---

[5] その意味でこの時期の資産額増加の一定程度も資産再評価によるものである点には留意しておく必要がある．

表 38 主要グループの自己資本増とその内訳　　　　　(10 億ウォン)

		1996 年	1997 年	1998 年	1999 年	2000 年
三星	自己資本増	168	1,070	3,606	8,903	5,011
	資産評価積立金増	0	-48	924	-190	-150
	有償増資	1,041	692	2,410	4,455	724
LG	自己資本増	1,031	256	3,094	7,111	-50
	資産評価積立金増	405	-42	851	1,124	498
	有償増資	617	444	2,273	3,399	897
SK	自己資本増	1,344	572	3,806	7,942	1,462
	資産評価積立金増	127	50	2,697	-227	-48
	有償増資	287	302	675	2,744	1,835
現代	自己資本増	836	917	4,289	19,648	
	資産評価積立金増	7.786	12	5,671	-1,681	
	有償増資	1,079	372	1,984	12,124	

注) 2000 年の現代グループは大きな分裂があったので記載していない.
出所) 表 37 と同じ.

の有償増資をおこなったことがみてとれる．特に 1999 年の現代グループは 12 兆ウォンと巨額の有償増資を実行している．この時期に各グループが積極的に増資をおこなった背景として，通貨危機直後の金融市場から資本市場への資金のシフトがある．構造調整の過程で，多くの金融機関が破綻するか，もしくは統廃合の対象となり，それを免れた金融機関も不良債権処理に追われて新規の貸出ができない状態に陥った．他方，1998 年後半から景気悪化に対応した金融緩和策を実行した結果，資金が株式市場や債券市場に一気に流入した．そのため株式市場と債券市場は 1998 年末から 1999 年半ばにかけて空前の活況を呈することになったのである．このなかで企業グループ内の上場企業は，積極的に有償増資をおこなって資金を調達した．ここで特に 4 大グループは，傘下の投資信託会社や証券会社を十分に活用した．各グループ系列の投資信託会社はグループ企業が発行した債券・株式をファンドに組み込み，証券会社はこのファンドさらには系列企業の証券を積極的に一般投資家に推奨・販売することを通じてグループの資金調達の窓口的役割を果たしたのである[6].

---

6) 現在，グループ内銀行や投信・保険会社によるグループ企業出資及び与信には制限が加えられている．しかし，各グループは他グループの投信・生保等を使ってグループ内企業に迂回出資・融資をしているとされる．ソンウォングン[2001]，公正去来委員会[2000]を参照.

第4節　グループ内出資による資本の増強

　以上でみたように，通貨危機直後の時期において，大企業グループの資金調達手段のひとつとして有償増資が大きな役割を果たした．有償増資は株式公開企業だけでなく非公開企業にとっても大きな意味を持った．先に述べたように通貨危機直後に金融市場は麻痺状態に陥っており，非公開企業も有償増資によって資金を調達せざるを得なかった．危機直後の金融不安によりグループ外に資金供給者を探すことが難しいなかで，非公開企業の増資に応じて資金供給者の役割を担うことになったのは，グループ内で比較的資金の潤沢な企業であった．

　公開企業にとっても増資に創業者家族ないしグループ企業が応じなければ，内部所有比率が下がり，グループ支配に支障が生じてしまう．よってやはりグループ内からの出資が必要となる．折しも政府はM&A等を通じた構造調整を円滑におこなえるようにするために，1998年に30大企業グループに課していた出資総額制限を撤廃した．これによりグループ内の出資が活発化することになった．以下では1998-2000年の間の各グループにおけるグループ内出資の実態をみていくことにする．

1. 三星グループ

　三星グループ内の主な出資行動をみたものが表39である．通貨危機前と同様に多くの企業がグループ内の出資者となっているが，特に三星電子の圧倒的なプレゼンスが目を引く．三星電子は主要出資企業による出資増加額合計の62％を占めている．半導体や携帯電話等通信機器分野での売り上げ好調により，三星電子は1998年から2000年まで連続して上場企業での最高の当期純利益を記録した．第2章でみたように通貨危機までの三星電子の資金需給は，営業キャッシュフローと財務キャッシュフローがプラスで投資キャッシュフローがマイナスであった．これに対して通貨危機直後は財務キャッシュフローもマイナスになっていることが表40からわかる．このことは三星電子が営業活動で獲得した豊富なキャッシュフローを自らの財務体質の改善にあてていたことを示している．しかし，そのなかでも「投資有価証券の

表39 三星主要企業のグループ内出資額の変化(1998-2000年)

企業名	業種	自己資本 (1997年) (10億ウォン)	出資 三星電子 増加	三星電子 減少	三星電子 処分損益	三星物産 増加	三星物産 減少	三星物産 処分損益	三星SDI 増加	三星SDI 減少	三星SDI 処分損益
三星生命	保険	533.1									
三星物産	商社	1,098.2							90,023		
三星電子	電子	5,829.9				389,375	130,996				
三星SDI	電子	1,302.7	370,985	14,176	100						
三星電機	電子	692.2	314,236	39,531	n.a.						
三星光州電子	電子	43.7	246,680		n.a.						
三星キャピタル	金融	121.0	173,887		n.a.	4,117					
三星カード	金融	161.0	340,783		n.a.						
三星テックウィン	機械	453.7	191,885		n.a.	20					
三星コーニング	電子	232.6	194,230	14,127	n.a.						
三星重工業	輸送機械	708.6	135,482	78,920	n.a.						
三星精密化学	化学	274.3	17,371	25,977	n.a.	11,570					
第一企画	広告	26.6	10,047	2,867	n.a.	95,667					
三星石油化学	化学	108.2	5,509		n.a.	6,770					
三星綜合化学	化学	348.6	8,336		n.a.	82,541			22,700		
三星自動車	輸送機械	820.9	30,000	170,000	n.a.				95,400		
三星商用車	輸送機械	100.1			n.a.						
三星証券	証券	187.0			n.a.	4,336	6,992	14,858			
エスウォン	保安サービス	154.6			n.a.	3,139	37,675	24,097	66,205		
三星エバーランド	レジャー	143.8			n.a.	2,827			10,000		
三星エンジニアリング	エンジニアリング	178.7			n.a.				10,397		
三星ベンチャー投資	金融				n.a.				4,800		
その他			786,164	541,349	205,879	20,458	33,919	582	18,390	8,486	-400
計			2,825,595	886,947	205,979	620,820	209,582	39,537	317,915	8,486	-400
海外			1,618,933	2,324,159	100,134	122,187	75,670	939	351,856		

注) 有償の出資・増資のみ.ただし企業によっては無償増資,価格再評価の影響を除去し切れていない.減少は減資を含む.網かけ部分は非上場企業.1)株式数の増減から推計した出資純増額.2)第一毛織,三星火災,三星証券,三星重工業.
出所) 各社事業報告書より作成.

純取得」に表れているように他企業への出資を活発におこなっていた.三星電子の莫大な利益がグループ全体へのニューマネーの源泉のひとつとなり,上場・非上場を問わずグループ系列企業に流れていったのである.第2章で論じたように1980年代後半以降,三星グループにおいて三星電子の出資企業としての役割は非常に大きくなっていたが,そのあり方は通貨危機直後の3年間でいっそう強固になったと言える.ピラミッド型所有構造の最上位に位置する三星生命による出資の詳細は資料上の制約のため正確なところはわからないが,表39からわかるように,三星生命はこの期間に多くの主要グループ企業株を売り越している.三星物産株,三星電子株はかろうじて買い越しになっているものの,その額は決して多くない.ピラミッド構造上,三

（百万ウォン）

企業						計			三星生命[1]
三星電機			その他4社[2]						
増加	減少	処分損益	増加	減少	処分損益	増加	減少	処分損益	
84,447						84,447			
38,743	38,743	52,819	228	876	372	128,994	39,619	53,191	60,840
			44,548	70,880	86,211	433,923	201,876	86,211	1,988
			8,585	31,754	25,557	379,570	45,930	25,557	−32,784
						314,236	39,531		−77,779
						246,680			
			41			178,045			
28,279						369,062			
			333			192,238			−14,209
						194,230	14,127		
18,339			7,622	6,017	2,975	161,443	84,937	2,975	41,336
537			8,337	2,334	400	37,815	28,311	400	
			7,799	11,427	22,896	113,513	14,294	22,896	
						12,279			
22,465			1,876			137,918			
77,902				20,000		203,302	170,000		
			215,000	315,000		215,000	315,000		
			84,299	24,858	27,048	88,635	31,850	41,906	
			2,791	1,705	5,843	72,135	39,380	29,940	
10,000						22,827			
			26,618			37,015			−6321
5,100			10,100			20,000			
57,855	59,097	11,252	34,655	10,881	11,536	917,522	653,732	228,849	12,717
343,667	97,840	64,071	452,833	495,732	182,838	4,560,830	1,678,587	491,925	−14,212
93,162			71,031	76,605	11,379	2,257,169	2,476,434	112,452	

星生命の次に位置している三星物産も，その純出資総額は三星電子の5分の1程度であり，しかも新規出資の大半は三星電子への出資である．その他グループ企業への出資では三星電子が完全に主役となっているといえよう．

グループ内での出資先は広範囲にわたっており，特にもともと出資額が大きかった電子関連の系列企業に多額の出資がおこなわれている．しかしここで注目すべき点は，業種を取り巻く環境が悪化した企業，または経営悪化によって構造調整を余儀なくされた企業に対して集中的な出資がおこなわれていることである．その例として，三星キャピタル，三星カード，三星テックウィンと三星綜合化学，それに三星自動車と三星商用車への出資があげられる．三星キャピタルはリース会社，三星カードはクレジットカード会社とい

表 40　各グループ主力企業のキャッシュフロー計算書
(1998-2000 年)　　　　　　　　　　　　　　　　　　　　　　　　　　(10 億ウォン)

	三星電子	LG 電子	SK ㈱	SK テレコム
営業キャッシュフロー (+)	21,880	2,497	4,828	4,426
当期純利益	9,498	2,619	606	1,406
投資キャッシュフロー (−)	−15,742	−823	−3,082	−7,536
有無形リース資産の純取得	−9,771	−1,438	−985	−3,640
長期投資証券の純取得	−4,316	83	−2,437	−3,155
財務キャッシュフロー (+)	−6,452	−1,851	−2,286	3,189
流動負債の純増	−5,634	−5,436	−553	−1,107
非流動負債の純増	−2,001	3,257	−2,170	1,038
有償増資	2,462	732	770	3,291
現金の純増 (+)	−315	−177	−540	79

現代グループ (1998-99 年)　　　　　　　　　　　　　　　　　　　　(10 億ウォン)

	現代自動車	現代電子	現代商船	現代重工業
営業キャッシュフロー (+)	2,923	2,547	677	1,676
当期純利益	381	79	194	434
投資キャッシュフロー (−)	−3,797	−5,041	−2,580	−123
有無形リース資産の純取得	−3,231	−2,906	−1,011	−867
長期投資証券の純取得	−1,159	−1,808	−1,221	−1,141
財務キャッシュフロー (+)	688	2,619	1,933	−431
流動負債の純増	−3,570	−4,125	−750	−2,343
固定負債の純増	1,670	2,150	2,104	957
有償増資	2,428	4,387	612	1,007
現金の純増 (+)	−186	125	30	−380

出所)　各社事業報告書より作成.

ずれも金融関連企業であり，この時期に黒字経営を維持していたものの，金融環境の激変のなかで資本の拡充を図り，三星電子を中心にグループ企業が出資に応じることとなった．

　三星テックウィンと三星綜合化学は両社ともビッグディールの対象となった企業である．三星テックウィンはビッグディールにより自社の航空機事業にかかわる資産・負債を新たに設立された韓国航空宇宙産業に移管し，代わりに同社の 33.3% にあたる株式を取得した．しかしその結果，精工事業の整理による損失と合わせ，1999 年に 2260 億ウォンの特別損失を計上することになった．そうしたなかで三星テックウィンは同じく 1999 年に計 53 万株の有償増資を実施し，2475 億ウォンの資金を調達した．このうち 32% を三星電子が引き受け，その他にも三星エバーランド，第一毛織といった三星グループ企業が増資に参加した．三星綜合化学はビッグディールの計画では現代石油化学と統合し，外資を受け入れて新会社を設立することになっていた．

第4節　グループ内出資による資本の増強

しかし外資との交渉が難航して2000年にはこの計画は白紙化された．交渉が長引く過程で三星綜合化学は1998年以降赤字が累積することとなった．こうした状況下で同社は2000年に2045万株の有償増資を実施し，2045億ウォンの資金を導入した．この増資では三星物産，先にあげた三星テックウィン，三星SDI，三星電機など三星グループがほぼ全株を引き受けたのであった．これらの企業はその後経営が持ち直したが，すべての系列企業の救済が順調であったわけではない．三星自動車と三星商用車に対しては当初，グループから緊急支援的な出資をおこなったものの，三星自動車はフランスのルノーに売却を余儀なくされ，三星商用車は清算されることとなった．

2．LGグループ

第2章で述べたように，LGグループは創業者家族持分の多いLG化学，及びLG化学を最大株主とするLG電子を中心に系列企業が他の系列企業に出資する構造になっている．表41から，通貨危機以降も多くの企業が出資をおこなっているが，特にLG電子のグループ株式購入が3兆1800億ウォンとこの時期のグループ全体の約57％を占めている．通貨危機後も引き続きIT分野で好業績をあげたLG電子が，LGグループ内の主要な資金の供給源であり続けていることがわかる．

しかし，LG電子の営業キャッシュフローは三星電子のそれと比べるとかなり規模が小さい(表40)[7]．ここで注目すべきは，表41から，LG電子の株式売却も1兆ウォンに近く，処分益に至っては2兆3400億ウォンに達している事実である．これは第1節で触れたLG半導体の売却，及び液晶パネル製造の合弁事業化によるものであった．1999年5月にLG半導体は現代電子に吸収合併された．そのためLG電子が保有していたLG半導体株6150万株余りが現代電子に譲渡され，ここでLG電子は約1兆100万ウォンの投資資産処分利益を得ることになったのである．さらに1999年7月にLG電子はオランダのフィリップス社とLCD事業にかかわる合弁契約を締結した．これに伴いLG電子の100％出資子会社であったLG-LCDはLGフィリップスLCDに社名が変更され，新株引受権すべてがフィリップス社に譲渡さ

---

[7] 表40のLG電子のキャッシュフローで長期投資証券の純取得がマイナス(表の符号上はプラス)になっているのは，1999年のLG半導体の売却によるところが大きい．

表41 LG主要企業のグループ内出資額の変化(1998-2000年)

企業名	業種	自己資本 (1997年) (10億ウォン)	LG電子 購入	LG電子 売却	LG電子 処分損益	LG化学 購入	LG化学 売却	LG化学 処分損益	LG商事 購入	LG商事 売却	LG商事 処分損益
LG電子	電子	1,528				102,931	10,165	-134	539	11,516	12,415
LG化学	化学	1,445								1,229	
LG半導体	電子	1,335	204,737	495,200	1,102,900				4,054	85,739	125,728
LGカルテックス精油	石油	1,111	50,004			577,298			50,004	50,004	29,407
LG投資証券	証券	586	222,999			23,206	441	-44	110,152		
LG情報通信	通信	442	367,101								
LG綜合金融	金融	439	96,700	96,700		46,263			74,495		-374
LGテレコム	通信	387	15,825	23,500							
LG産電	重電	331	198,700	77,500							
LG電線	電機	293				430			2,840	10,529	17,780
LG建設	建設	265	54,700			15,666					
LG商事	商社	222	20,300	2,200		13,597					
LG信用カード	金融	138	62,105	113,800	79,100	7,221	29,531				
LG石油化学	化学	128					137,200	13,720			
極東都市ガス	ガス	73		13,500	-15,700				36,143		
LG百貨店	流通	71	49,545	21,800		5,323			35,252		-374
LG流通	流通	69	309,550			309,991					
LGエナジー	ガス	16							103,400	24,950	
LGエンジニアリング	エンジニアリング	6	6,600			6,600			2,800		
LGダウポリカーボネイド	化学					35,241					
LGニッコー銅精錬	金属										
デイコム	通信		787,300								
LG-LCD	電子		700,000	23,500	1,179,900						
その他			33,577	71,738	-2,453	52,600	13,542	-3,542	2,250		
計			3,179,743	939,438	2,343,747	1,196,367	190,879	10,000	421,929	183,967	184,582
海外			n.a.	n.a.	n.a.	302,652	8,003	-7,319			

注) 有償の出資・増資のみ．ただし企業によっては無償増資，価格再評価の影響を除去し切れていない．網かけ部分は非上場企業．
出所) 各社事業報告書より作成．

れた．これによってLG電子は1兆1800億ウォンの投資資産処分利益を計上することができた．結果的に，LG電子は以上の2社の処分で得た利益によって，グループ内各社への資本注入が可能になったといえる[8]．

---

[8] グループ創立時から持株会社的地位を占めてきたLG化学も1兆2000億ウォン近い株式購入をこの期間に進めた．ただし，購入したLGカルテックス精油株はこの期間に増資はしておらず，次章で論じるLG化学の持株会社化のために既発行株の買収を積極化させた結果であった．またLG化学が買収したLGカルテックス精油株とLG流通株の一部はLGグループの創業者家族が保有していたものであったが，その購入価格が不当に高かったため，グループ会社から家族に利益のつけかえがおこなわれたとの批判を受けた(公正去来委員会[2000])．逆にLG化学は，1999年6月にLG石油化学株の一部を創業者家族に額面に近い価格で売却したが，LG石油化学株は翌2000年3月にコスダック市場に上場し，株価上昇のなかで家族は株式の一部を売却して膨大な利益を得ることができた．この取引は公正取引委員会に「グループ内不当支援」として課徴金を課された．グループ企業株を利用した創業

(百万ウォン)

企業	LG電線			LG産電			LG建設			計		
	購入	売却	処分損益	購入	売却	処分損益	購入	売却	処分損益	購入	売却	処分損益
	38,198									141,668	21,681	12,281
				1,672	12,816	7,770				1,672	14,045	7,770
		20,458	26,596		56,777	32,113		12,573	13,418	208,791	670,747	1,300,755
										677,306	50,004	29,407
					119	59				356,357	560	15
	4,779	4,779	11,455		18,148	14,783	48,174			420,054	22,927	26,238
							47,166	49,481	-258	264,624	146,181	-632
										15,825	23,500	
		13,758	6,787					461	16	198,700	91,719	6,803
				446	2,241	1,463	2,511	11,252	16,239	6,227	24,022	35,482
	3,734			3,734						77,834		
				1,660	7,716	1,950	947	4,633	845	36,504	14,549	2,795
	1,942	7,942	5,979	65,306	155,170	-21,320	13,249	23,284	23,283	149,823	329,727	87,042
											137,200	13,720
										36,143	13,500	-15,700
		10,700	-4,045	7,228	43,228	-21,320	15,402			112,750	75,728	-25,739
										619,541		
	20,700						7,350			131,450	24,950	
	22,000			22,000						60,000		
										35,241		
	99,121			28,320	28,320					127,441	28,320	
	1,858			187,957	187,957					977,115	187,957	
					4,667	-3,733				700,000	28,167	1,176,167
	17,205	30,507	3	4,841	4,841	1,743	77,300	2,559		187,773	123,187	-4,249
	209,537	88,144	46,775	323,164	522,000	13,508	212,099	104,243	53,543	5,542,839	2,028,671	2,652,155
				18,834	47,604	2,783	334	2,302	715	321,820	57,909	-3,821

　LGグループも広範囲な企業に対して出資をおこなっているが，企業救済的な新たな資金の流れとしてはLG綜合金融とLG投資証券など金融・証券会社への出資をあげることができる．総合金融会社は金融自由化が進んだ1990年代半ばに海外からの積極的な資金調達によって急成長を遂げたが，危機直後に相次いで経営が悪化して外国資金の流出に見舞われ，通貨危機の主犯とまで目された業態である．LG綜合金融も経営破綻により通貨危機直後に営業停止命令を受けたが，他の多くの総合金融会社とは異なって完全閉鎖とはならず，グループから出資を受けた上，1999年にLG証券に吸収合

者家族の蓄財の慣行が，通貨危機以降も根強く残っていたことがわかる．

併され，LG投資証券となった．そしてLG投資証券にも，LG電子を中心にグループから出資がおこなわれた．グループからの資本増強・グループ内合併を通じてグループ内金融関連会社の経営の正常化が図られたのである．

この他に目を引くのは，LG情報通信（通信機器），デイコム（第二電電）といった通信関係の企業向けの出資である．事業整理ばかりでなく，通貨危機後に急激に拡大した情報通信産業へ積極的に展開していこうとするグループの姿勢が，こうした内部資本の流れからもみてとることができる．LG流通も，通貨危機後の韓国流通構造の大きな変化のなかで，コンビニエンスストアチェーンを拡大・強化するために大幅な増資をおこなっており，これをLG電子とLG化学がすべて引き受けている．

3. SKグループ

SKグループ内でも活発な資本取引がおこなわれたが，三星やLGのように資本増強だけでなく，事業の拡張にも資本が供給された．表42からわか

表42 SK主要企業のグループ内出資額の変化（1998-2000年）

企業名	業種	自己資本(1997年)(10億ウォン)	SK㈱ 購入	SK㈱ 売却	SK㈱ 処分損益	SKC 購入	SKC 売却	SKC 処分損益	SKケミカル 購入	SKケミカル 売却	SKケミカル 処分損益
SK㈱	石油・化学	2120.3				5,811	11,528		16,068	809	468
SKC	化学	293.7									
SKケミカル	繊維	303.9				3,775					
SKグローバル	商社	350.9	391,564			57,340			61,928		
SKテレコム	通信	1315.6	1,380,748			3,489	35,528	19,698	17,417	58,730	196,821
SKエナジー販売	商社	93.4	348,901	391,564							
大韓都市ガス	ガス	230.6		25,085	33,910						
SKガス	ガス	147.5	1,813	17,388	16,181						
SKエンロン	ガス		171,148								
SK建設	建設	160.5							53,760		
SK海運	海運	-12.4	110,054								
SK証券	証券	80.8				55,889		26,310			
SK生命	生保	-84				2,998					
SKエバテック	化学	51.7	40,000								
SK流通	流通	-45.6				25,000	25,000		25,000		
新世紀移動通信	通信										
その他			70,891	109,298	62,418				136,200	40	
計			2,515,119	543,335	112,509	154,302	72,056	46,008	285,373	84,579	197,289
海外									49,109		

注）有償の出資・増資のみ．ただし企業によっては無償増資，価格再評価の影響を除去し切れていない．
　　網かけ部分は非上場企業．1）SKガスとSK建設．2）2001年に全株売却．
出所）各社事業報告書より作成．

第4節　グループ内出資による資本の増強

るように，資本の出し手として最も大きな役割を果たしたのは SK ㈱である．通貨危機直後でも同社がその豊富なキャッシュフローをもとに，自らの財務リストラを実行しつつもグループ内他企業に出資をおこなったことが表40のキャッシュフロー計算書からみてとれる．主な出資先としては，石油卸売事業の要である SK エナジー販売 (2000 年に SK グローバルに統合)，前節で述べた SK エンロンがあるが，最大のものは SK テレコムであった．SK テレコムは携帯電話事業で通貨危機後も成長を続けていた．さらなる事業拡張のために 1 兆 7000 億ウォン近くをかけてライバル会社である新世紀移動通信を買収した (のちに吸収合併)．そのために豊富な営業キャッシュフローをつぎ込んだが，それだけでは足りずに有償増資をおこなった．SK ㈱，それに SK グローバルがこれに応じて多額の出資をおこなったことが表42からもみてとることができる．

救済的な出資として注目されるのは SK 海運と SK 生命に対するグループ内各社の出資である．両社は業績悪化により 1990 年代半ばから累積赤字を

(百万ウォン)

| 企　業 | | | | | | | | | 計 | | |
| SK グローバル | | | SKテレコム | | | その他 2 社[1)] | | | | | |
購入	売却	処分損益	購入	売却	処分損益	購入	売却	処分損益	購入	売却	処分損益
97,071						5,604			124,554	12,337	468
	2,336	398								2,336	398
									3,775		
			2,315	15,721	3,738	61,928			575,075	15,721	3,738
786,663[2)]									2,188,317	94,258	216,519
									348,901	391,564	
				38,785	1,072					63,870	34,982
									1,813	17,388	16,181
									171,148		
50,305	50,766	19,713							104,065	50,766	19,713
25,000						40,000			175,054		
	5,282	−1,351				46,328	7,040		102,217	12,322	24,959
									2,998		
									40,000		
						25,000		369	25,000	75,000	369
			1,658,436						1,658,436		
15,973	14,897	−500	121,033	9,097	297	902			344,999	133,332	62,215
975,012	73,281	18,260	1,781,784	63,603	5,107	154,762	32,040	369	5,866,352	868,894	379,542
128,106	161	−93	5,849			8,074			191,138	161	−93

計上し，1997年には債務超過に陥っていた．SK海運にはSK㈱，SKグローバル，それに表42では「その他2社」となっているSKガスの各社が，SK生命にはSKC，さらには表42には表れていないがSKエナジー販売とSKエバテックが既存株式を償却した上で新たな増資に応じることにより，両社は通貨危機直後の混乱を乗り切ることができた．内部資本を通じて企業救済がおこなわれた典型的な例と言える．

4. 現代グループ

　現代グループでも事業の拡張のために内部資本が供給された．同グループは2000年に大きく分裂するので，ここでは1998-99年のみをみておきたい．この時期のグループの主要な稼ぎ手は1990年代半ばまでと同様に現代自動車と現代電子であった．表43をみると，1998, 1999両年の最大のグループ内出資企業は現代自動車であったことがわかる．しかし，その出資の大半は新たに買収した起亜自動車向けのものである．特に買収した1998年に起亜自動車は巨額の赤字を計上しており，現代自動車はこの処理に追われたものとみられる．他方，もう1社の稼ぎ手である現代電子はほとんど出資をおこなっていない．キャッシュフロー計算書では現代電子は多くの有価証券投資をおこなったことになっているが(表40)，これはビッグディールで成立したLG半導体の買収に伴うものであった．つまり，現代グループの主要2社は事業で獲得した資金を主に自らの事業拡張に投入していたのである．2社はこれら投資資金に加えて自社の債務リストラ，特に流動負債の圧縮のためにも資金が必要であり，営業キャッシュフローだけでは足りずに大幅な増資をおこなっている．現代電子の増資には以前からグループ内出資において大きな役割を果たしてきた現代重工業と，同社に比べて規模は小さい現代商船が出資に応じている．両社とも自らへの投資以上に他社に出資していたことが表40からわかる．現代自動車に対しては従来の現代重工業に加え，新たに現代精工が出資をおこなっている．2社買収のために，グループ全体が出資にかり出された構図がうかがえる．

　表43でこの他に多額の出資を受け入れている企業として現代峨山がある．現代グループ名誉会長の鄭周永が北朝鮮への経済協力事業に情熱を注いで1998年11月から開始された金剛山観光事業では現代グループが実施主体と

表43　現代主要企業のグループ内出資額の変化(1998-1999年)　　(百万ウォン)

	出資企業							
	現代建設	現代自動車	現代電子	現代商船	仁川製鉄	現代精工	現代重工業	計
現代建設					−20,234			−20,234
起亜自動車		895,842			303,798		−1,935	1,197,705
現代証券		−100,725		309,459	−5,226	−1,811	43,885	245,582
現代重工業	25,180			1,566				26,746
現代自動車	34,081					297,024	189,062	520,167
現代電子	−152,138	−22,525		763,571		−8,001	304,169	885,076
現代商船	136,875							136,875
高麗産業開発		112,003		20,512	20,512		−1,455	151,572
現代鋼管	110,884				49,832	−18,509	203	142,410
現代峨山	48,000	15,500		96,000			47,096	206,596
現代宇宙航空		87,078				51,940	5,833	144,851
現代尾浦造船							103,384	103,384
その他	16,124	174,315	29,377	44,168	19,927	−41,112	67,787	310,586
計	219,006	1,161,488	29,377	1,235,276	368,609	279,531	758,029	4,051,316

注)　1998年と1999年出資額純増の合計額．データ入手の関係から現代重工業は1999年のみ．
出所)　各社事業報告書より作成．

なった．現代峨山はその事業を専門に担当する法人として翌1999年2月に設立され，グループ内各社が出資をすることとなった．また，現代鋼管や現代宇宙航空など，他グループと同様に通貨危機直後に経営が急激に悪化した企業への救済的な出資がおこなわれたと思われるケースがみられる．しかし，現代グループ全体では通貨危機直後も引き続き事業を拡大させており，グループ内各社の出資がその拡大を支えていたことがみてとれるのである．

　以上でみてきたように，三星，LG，現代，SKの各グループでは中核企業から他の企業に対して出資を通じて多くの資金が供給された．特に一部の経営悪化企業に対して救済が図られた．第2節で述べたように，上位5大グループについては私的整理による企業再生スキームであるワークアウトの対象外とされていた．これらグループは，一部系列企業については内部出資を通じた財務構造の改善を図ったのである．さらにSKグループと現代グループの場合，事業拡大に向けた出資にも多額のグループ内資金を振り向けた．特に現代グループでは主力企業である現代自動車と現代電子が国内有数の大型企業である起亜自動車とLG半導体を買収した．他の系列企業は2社の増資に応じて資金を出すことで買収を支援することとなったのである．

第5章　通貨危機後の構造調整とグループ内出資

第5節　危機後の分岐

1. 現代グループの分裂と凋落

　それでは以上でみたような構造調整をおこなうなかで各グループのパフォーマンスはどのようなものだったのだろうか．図18からわかるように，上場企業の平均資本収益率は1997年からマイナスとなり，翌1998年にはマイナス18.7%という大幅な落ち込みを経験した．その後も2000年までマイナスが続き，本格的に回復を遂げるのがようやく2002年になってからであった．これに対して三星，LG，SKの各グループは比較的良好なパフォーマンスを示したと言えるだろう．LGは1997年と1998年，三星は1998年に資本収益率が若干のマイナスを記録するものの，1999年には急速な回復をみせ，その後のパフォーマンスも安定している．SKの場合，1995年以降，通貨危機にかかわらず4%から8%の安定した資本収益率を記録している．買収した新世紀通信の業績はもともと堅調であり，SKテレコムは買収によって国内シェアの半分を握り収益基盤をさらに確固たるものにすることができた．各グループとも前節で示した主力企業が高収益を持続するとともに，その他の企業も業績を回復させてグループの利益を押し上げることとなったのである（表44）．

　これとは対照的に，現代グループは通貨危機直後の1998年に大幅な収益率のマイナスを記録した．これは買収直後の起亜自動車及び同社商用車部門の亜細亜自動車の欠損によるものである．起亜自動車への出資はこれを埋め合わせるものでもあった．1999年に持ち直すものの，2000年にグループは親族内の不和から大きく分裂した．現代グループでは通貨危機後の1999年にそれまでグループ副会長であった創業者五男の鄭夢憲が会長に昇格し，創業者次男の鄭夢九との共同会長体制になった．グループ構造調整の一環として家族間で系列企業を分割することは既定路線であり，傍系の企業は創業者の兄弟や次男・五男以外の息子たちに分与された．しかし現代グループの中心的な企業の多くはまだ家族内での帰属先が決まっておらず，誰がどの系列企業を受け取るのか，そして現代グループ本体を継承するのかをめぐって兄弟間で紛争が激化した．結局，次男の夢九は現代自動車や現代精工，仁川製

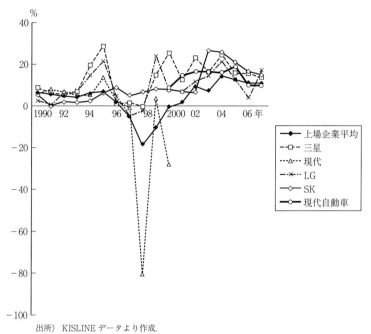

出所）KISLINE データより作成.
図 18 主要グループの平均資本収益率の推移

表 44 各グループの主力企業とそれ以外の平均収益率 (%)

		1998-2002 年	2003-2007 年
三星	三星電子	21.91	20.55
	その他	4.62	9.32
LG	LG電子	20.57	16.40
	その他	5.73	12.67
SK	SKテレコム	16.34	21.25
	SK㈱[1)	3.08	15.27
	その他	-1.35	20.50
上場平均[1)		-6.59	10.07

注）収益率は自己資本当期純利益率.1)上記各グループ主力企業を除いた値.
出所）図 18 と同じ.

鉄や現代鋼管など，グループの自動車・鉄鋼関連の企業を分離して新たに現代自動車グループを形成した．現代重工業など造船関連企業は従来から支配株主となっていた六男の鄭夢準のもとで現代グループから離れ，グループ本

体には母体企業である現代建設や現代電子，現代商船，現代投資証券，現代峨山などが残って五男の夢憲が継承することとなった．

ところが2000年後半から現代グループ全体が経営危機に陥った．きっかけは現代投資証券と現代建設の経営悪化である．しかし，危機直後に出資企業としてグループを支えていた現代電子はITバブル崩壊の影響を受けるとともに，拡大過程で発行した自らの社債償還問題に追われていた．現代商船も南北協力事業の不振にあえぐ現代峨山の支援が経営の大きな重荷になっていた．そのため2社は現代建設や現代投資証券の救済をおこなえる状況になく，むしろ市場の不安心理から自らも苦境に陥ることになった．2社以外に危機直後の現代グループにおける有力出資企業であった現代自動車と現代重工業はすでにグループにはなく，結局，現代建設，現代電子，現代投資証券は企業再生スキームのもとでグループから離れて，現代グループは中位以下の企業グループへと転落してしまったのである．

2. 2000年代の財閥の資本配分機能

(1) クレジットカード会社の救済

三星，LG，SKの各グループは通貨危機直後の混乱を乗り切って2000年代も成長を続けた．2000年代に入ってからの財閥の資本配分機能にはどのような変化があったのだろうか．三星グループとLGグループはともに2000年代前半に系列のクレジットカード会社の経営危機に遭遇したが，両グループでは対照的な処理がおこなわれた．

1999年から政府は消費拡大と脱税防止を目的にクレジットカード利用促進策を実施した．その結果，利用者が急増してカード会社は急成長を遂げた．しかし，過剰融資によって延滞率が急上昇すると，2002年にカード会社は軒並み赤字に転じた[9]．2003年にはさらに経営が悪化したため，各社とも経営の立て直しを迫られた．三星グループの三星カードの場合，同年中に有償増資をおこなって既存の株主である三星電子，三星物産，三星電機の3社が出資比率通りの増資に応じた．これにより三星カードは約2000億ウォンの資金を得ることができた．さらに翌2004年2月には三星グループ内のリー

---

9) 韓国のクレジットカード問題について詳しくは，大山[2006]を参照．

ス企業で比較的業績のよい三星キャピタルを吸収合併するという救済手段をとった．同年4月にはさらに有償増資をおこない，三星電子と旧三星キャピタルの最大株主であった三星生命などが引き受けることにより1500億ウォンの資金を得て財務構造の改善を図った．

他方，LGグループ内のLGカードの場合，2000年以降の外資ファンドからの出資受け入れ，2002年の株式上場など，グループ内部よりも外部資金の受け入れに積極的であった．その結果，創業者家族を含むグループ内部の出資比率は2000年末の70.1％から2003年末の25.1％へと大きく下落していた．しかし経営難に歯止めがかからないため，結局LGグループは自主再建を断念し，2004年1月にLGカードは韓国産業銀行の管理下に入り，LGグループから離れることになった．LGグループの場合，次章で詳述するような持株会社の導入もあって，他の系列企業へ影響を与えるような救済はおこなわなかったと言える[10]．

(2) 2000年代後半のグループ内資本配分機能の弱化

2000年代後半に入ると各グループとも通貨危機の後遺症から抜け出て安定的な成長軌道に入ったこともあり，系列企業間での資本移動は極端に少なくなっている．三星グループの場合，それまでグループ内出資の中心にあった三星電子が2005年から2009年の間におこなった新規の出資は三星モバイルディスプレイ，三星LED，S-LCDなど新規の関連事業向け投資がある程度であり，その金額も大きくない．三星生命，三星物産では目立った新規投資はみられない．

LGグループの場合，2000年代に入ってから持株会社を設立した上で流通，エネルギー，金属といった分野の系列企業を分離し，化学，電子，情報通信を中心としたグループへと再編を図った．グループの所有構造は，持株会社である株式会社LG（以下，㈱LG）の傘下に事業をおこなう系列企業が子会社

---

[10] しかし，その後のLGカードの処理過程において，LGグループは株主責任を問われて多くの資金を拠出することになった．2004年初めに債権金融機関が1兆ウォンを出資転換する代わりに，LGグループと具本茂会長が約8000億ウォンの現金をLGカードのカード債及び企業手形を買い入れる方式で支援し，さらに2005年1月にLGグループ，債権金融機関がそれぞれ5000億ウォンの資本拡充策をおこなった．具体的にはLGグループでは具本茂会長他大株主が2700億ウォン，その他系列企業が2300億ウォンを出資した．

表45 ㈱LGのキャッシュフロー計算書
(2006-2009年) (百万ウォン)

営業キャッシュフロー	808
当期純利益	3,794
賃貸収益	160
配当収入	5
商標権使用収益	719
投資キャッシュフロー	−421
持分法適用投資株式の取得	−223
有形資産の純取得	−338
財務キャッシュフロー	−426
配当金支払	−438
現金の増加	−40

出所）事業報告書より作成．

としてぶら下がる形態へと変化を遂げた(第6章図19を参照)．独占禁止法上，関連事業を除いて子会社が他の子会社に出資することを禁止しているので，グループ内の出資は原則として持株会社である㈱LGのみがおこなうことになる．表45は持株会社の設立と系列企業分離の作業が終了した2006年から2009年までの4年間の㈱LGのキャッシュフロー計算書をみたものである．ここからわかるのは，持株会社としての㈱LGは子会社から主に商標権使用料というかたちで現金収入を得つつ，それを自社の配当と投資事業に回しているが，投資の半分以上は有形資産の取得に回されているという事実である．そのほとんどは土地・建物の購入である．「持分法適用投資株式の取得」で表されている子会社への出資はその額に及んでいない．しかもその出資額の3分の1強はLG化学の市場の既存株を買い増したもので，LG化学にとってはニューマネーの供給とはなっていない．この間，LG化学やLG電子など既存企業は豊富な内部留保を投資資金にあてており，外部からの資金調達は一部海外市場での転換社債の発行等を除くと活発ではなかった．他方，新たな出資の事例としては太陽光発電事業のLGソーラーエナジーがある．しかし，新規企業はこの1社のみであり，やはり出資金額は多くない．グループの大規模な再編がおこなわれた直後であること，2000年代後半の経済状況が総じて低調であったことが原因とも考えられるが，既存企業の間での再配分という意味でも，新規企業の立ち上げという意味でも，グループ内出資の役割は1990年代までと比べて極めて限定的になっていると言えよう．

小　括

　1997年の通貨危機後の三星，現代，LG，SK の各グループは構造調整政策の下で負債比率の大幅な引き下げを余儀なくされた．しかし，政策上の想定とは異なり，各グループとも資産の大幅な圧縮をおこなわなかった．資産の維持・拡大と負債比率の引き下げを両立させる手段として，各グループとも有償増資による資金の取り入れを積極的に活用した．そこでは危機直後に活況を呈していた株式市場からの資金導入とともに，危機直後にあっても業績が好調であった主力企業からグループ内他企業に対して活発な出資がおこなわれた．危機直後に業績不振にあえいでいた系列企業も中核企業からの資本注入によって早期に経営を正常化させることが可能になった．このため，三星，LG，SK の各グループは危機前後を通じて安定的な収益を維持することに成功した．これに対して現代グループは，危機直後にグループの分裂を経験した後，そのあまりに野心的な拡大路線の代償を払うことになり現代グループ本体は規模の縮小を余儀なくされた．

　通貨危機直後はそれまで資金配分で重要な役割を果たしていた銀行を中心とした金融市場が事実上麻痺状態に陥った．その一方で資本市場がプレゼンスを急速に高めたものの，まだすべての企業が十分にアクセスできる存在とは言い難かった．そうしたなかで，営業活動から豊富なキャッシュフローを獲得できる企業，または資本市場から資金を調達できる企業から他の企業に資金を供給できるという財閥の資本配分機能によって，三星，LG，SK といったグループは規模を維持，拡大しながら安定した収益率を維持することが可能になったのである．しかし，2000年代に入るとグループの資本配分機能は限定的なものにとどまっている．他方で，中核企業に売り上げ，収益の両面で依存する構造に変化はみられていない．表44からわかるように，2003年以降も三星グループと LG グループでは中核企業とそれ以外では収益に格差がみられる．特に三星グループの場合，三星電子とそれ以外の差は大きい．このことは財閥の機能が変化を遂げようとしていることを示唆するものかもしれない．この点は終章で改めて検討したい．

第6章

経営改革のさらなる進行

　前章でみたように，通貨危機直後の金融環境の激変と政府からの債務調整の圧力のなかで，現代グループは家族内の紛争を契機に大きく分裂し，現代グループ本体は大幅に規模を縮小してしまった．その他の三星，LG, SK の各グループは系列企業間の出資を通じた資本増強によって通貨危機直後の混乱を乗り切ったが，事業環境の変化と政府による企業法制改革に対応して，グループ経営のあり方と組織を大きく改革する必要に迫られた．グループによって改革の規模は異なるが，その方向性は第3章で論じた経営改革の延長線上にあり，それをさらに推し進めるものであった．

　本章ではまずこの3グループの組織改革や経営体制の見直しに大きな影響を与えた通貨危機後の企業法制改革の試みを概観するとともに，それを受けてグループ組織にどのような改革がおこなわれたのか，そのなかで家族経営者と俸給経営者の位置関係にどのような変化があったのかを明らかにする．さらに，通貨危機後における俸給経営者の経歴別構成の変化を確認し，そのグループ組織や経営体制の改革との関係を考察する．

　なお，現代グループの分裂後，本体から分離されて設立された現代自動車グループがその後急成長をみせている．本章の最後に，現代自動車グループの役員構成，グループ組織，俸給経営者の経歴について分析することとしたい．

第1節　通貨危機後の企業法制改革

　前章でみたように通貨危機直後の企業に対する構造調整政策では，まず財務体質の改善に重点が置かれることとなったが，これと並行して進められた改革が企業法制改革である．大財閥に限らず，韓国の多くの大企業では株式を公開しながら支配株主が経営者となっていることが多い．経営者＝支配株

主を適切に監視する企業統治の仕組みが十分でなく経営の透明性に欠けていることに対して，IMFや世界銀行など通貨危機直後に緊急融資をおこなった国際機関が改善を勧告していた．また特に財閥に関しては，系列企業の経営に実質的に影響を及ぼしているグループ会長やグループ統括組織など法人格を持たないグループ本社が，系列企業が破綻しても経営責任が問われないことに内外の批判が集まっていた．

韓国政府はまず上位グループに対して，グループ会長が主要企業の代表理事に就任するよう要請するとともに，グループ統括組織の解散を求めた．その上で，1998年から2000年にかけて企業統治の枠組みを規定する会社法の改革に乗り出した[1]．会社法改革において特に財閥の経営に影響を与えたポイントは，情報開示の促進，少数株主の保護，理事会の経営監督機能の強化，理事の経営責任の強化，の4つである．

情報開示の促進では1998年の外部監査法の改正により，独占禁止法上の大規模企業集団に対してすべての系列企業を含む連結財務諸表，いわゆる結合財務諸表の作成を義務づけた．また，外部から実態に即した経営の把握が可能になるように同法に基づく企業会計基準を国際基準に合致するものに改正した[2]．少数株主保護のための株主代表訴訟権や理事解職請求権などはすでに商法に定められていたが，行使要件が厳しくほとんど有名無実化していた．上場会社については通貨危機以前の1997年に証券取引法改正によって行使要件が緩められていたが[3]，危機直後の1998年の商法改正によって非上場会社についても要件が緩和された．2001年の証券取引法改正で上場会社での行使要件がさらに緩和され，少数株主の権利が大幅に強化された．理事会の経営監督機能の強化では，1999年の証券取引法の改正によって公開

---

1) 通貨危機後の韓国の企業法制改革について詳しくは安倍［2005］を参照．この改革は欧米を含む世界的な潮流に沿ったものでもあった．この点については今泉・安倍［2005］を参照．
2) 外部監査法は正確には「株式会社の外部監査に関する法律」(1980年10月制定)である．1998年12月の同法に基づく企業会計基準の改訂では，国際会計基準(IAS)やアメリカの財務会計基準審議会(FASB)基準にならって，外貨換算損益の当期利益への反映，債権・債務の現在価値評価対象の拡大などをおこなった．
3) 証券取引法第9章第3節「上場法人等に対する特例」には，上場法人に対して，会社の組織及びその運営に関して商法が定める規定に優先適用される条文が置かれている．これらの規定は，本来「資本市場育成に関する法律」(1968年制定)にあったものが，1997年に法令整備作業の一環として同法が廃止され，証券取引法に統合されたものである．2009年に証券取引法を含め金融関連法が資本市場統合法に統合された．

会社は理事総数の4分の1を社外理事とすることが定められ，特に資産額が2兆ウォン以上の場合は過半数を社外理事とした上で理事会内に経営監督機能を担う監査委員会(構成員の3分の2以上は社外理事)を設置することが義務化され，米国式のボードシステムが導入されることになった．最後に，理事の経営責任を強化するために1998年の商法改正で理事の忠実義務規定が新設されるとともに，理事に就任しない支配株主が経営に深く関与している例が多いことから，実質的な経営支配者を「業務執行指示者」と規定して経営責任を問えるようにした．

会社法改革に加えて，政府は財閥規制の重要な法規となっていた独占禁止法も改正をおこなった．重要な改正点のひとつは前章で述べた出資総額制限の撤廃であるが，もうひとつが純粋持株会社の条件付き解禁であった．この改正は，1997年の日本における純粋持株会社解禁の影響を強く受けていた[4]．しかし同時に，通貨危機直後の経済状況にも解禁を促す要因があった．ひとつは企業が構造調整をおこなうにあたって，持株会社という企業形態を利用することによって事業再編や企業買収などをより柔軟におこなうことが可能になるという点である．もうひとつは，複雑な所有構造ゆえに経営のあり方も見えにくくなっている財閥を，持株会社―子会社という単純な構造にすることによってより透明度の高い形態に転換することができるという点である．この点に関連して，第3章で述べたように財閥のグループ本社が法人格を持たないために経営失敗の責任が不明確になりやすかったが，グループ本社を持株会社として法人化することにより法的な責任主体が明らかになるというメリットがあった．さらに，純粋持株会社を置くことによって個々の事業子会社の経営の独立性が高まり，将来的には子会社の独立＝財閥の解体につながるという期待も一部の研究者にはあった[5]．持株会社を置くことによって財閥の拡大に拍車がかかるのではないかとの懸念も残っていたため，1999年の改正においては，純粋持株会社の設立にあたって，(a)負債比率を100％以下とする，(b)子会社の株式は50％以上(上場会社の場合は30％)保有する，(c)(b)で定めた子会社以外の株式を支配目的では所有しない，

---

[4] 日本における純粋持株会社解禁について詳しくは下谷[1996]を参照．
[5] その代表的な論者が，2003年から公正取引委員会の委員長も務めた姜哲圭である．姜哲圭[1999]などを参照．

(d) 金融会社の株式を所有しない，(e) 当該子会社の事業に密接に関連がある場合を除いて孫会社を持たない，という点を条件とした．その上で政府は財閥の純粋持株会社の設立を積極的に誘導しようとした．具体的には持株会社設立のための株式譲渡や子会社から持株会社への配当には租税減免措置をとるとともに，2000年に出資総額制限が復活した後も純粋持株会社を置いている財閥は同規制の対象外とした[6]．

第2節　2000年代の理事会構成とグループ組織
―― 権限委譲のさらなる進行 ――

以上のような通貨危機後の制度変化，そして経済環境の変化のなかで，三星，LG，SKの各グループでは家族経営者の位置と俸給経営者のあり方がどのように変わっていったのであろうか．そしてグループ経営のあり方にはどのような変化があったのであろうか．以下では2000年代における主要グループの理事会構成，及びグループ組織とその運営についてみていくことにする．

1．三星グループ

第3章でみたように，三星グループは1980年代末からの創業者家族内での系列企業の分離により，通貨危機直後までにはグループ内の家族経営者がグループ会長ほぼひとりとなる体制になっていた．表46から，2003年においてもその体制に変化はないことがわかる．グループ会長である李健熙（②：第3章図10家系図上の位置）が理事に就任している系列企業数はさらに減少している．ただし，新たに会長の3人の直系家族が三星グループ入りしている．すなわち李健熙の長男である李在鎔（⑭）が三星電子の常務補となっている．また，ここには表れていないが，長女の李富眞が新羅ホテルの部長に，二女の李敍顯が第一毛織の部長に，それぞれ就任している．他方，先にみたような企業統治改革への対応として，株式を公開している企業の役員組織に

---

[6] その後の改正で負債比率は200％以下，子会社の株式保有は40％（上場会社は20％）以上と条件が緩和された．また孫会社も金融会社以外で株式を40％（上場会社は20％）以上保有すれば設置が認められた．また2009年7月の改正で出資総額制限は廃止された．

表46 三星グループ上場企業の理事会構成(2003年)

			(社外)	非登記理事
三星物産	理事数 家族	10 ②	5	118
第一毛織	理事数 家族	7 ②	2	29
三星火災海上	理事数 家族	8	4	32
三星電子	理事数 家族	6 ②	7	471 ⑭
三星SDI	理事数 家族	8 ②	4	69 ⑪
三星電機	理事数 家族	8 ②	4	38
新羅ホテル	理事数 家族	7 ②	2	6
三星重工業	理事数 家族	6	3	45
三星エンジニアリング	理事数 家族	6	2	18
三星証券	理事数 家族	8	4	22
三星テックウィン	理事数 家族	6	3	19
第一企画	理事数 家族	7	2	9
三星精密化学	理事数 家族	7	2	6
S1	理事数 家族	8	2	12
のべ理事総数(a)		102		
うち家族(b)		6		
(b/a)		6%		

注) 丸付き数字は第3章図10での家族構成員を指す．太字となっている者は代表権を持っていることを意味する．
出所) 韓国上場会社協議会[各年版]，毎日経済新聞社[各年版]をもとに筆者作成．

は大きな変化があった．第1に理事会規模の大幅な縮小である．危機後の証券取引法の改正により大規模公開企業の理事会は理事の半数以上を社外理事とすることになった．グループ内部の経営者にとっては経営の不安定要因ともなる社外理事の絶対数をできるだけ少なくするため，各企業は必要な社外理事人数の算定で分母となる理事総数を大幅に削減したのである．第2に，削減された社内役員は理事会メンバーではない非登記理事となり，理事会メ

第6章　経営改革のさらなる進行

ンバーと同様に「社長」「副社長」「専務」「常務」などに位置づけられた．以前にも企業によっては非登記役員が置かれていたが，通貨危機後に大幅に増加することとなった．

また通貨危機直後の政府の要請に従って，李健熙は新たに三星電子の代表理事会長に就任している．さらにグループ運営では政府の求めに応じて1998年4月に「三星経営構造改編案」(以下「改編案」)を発表し，そのなかで会長秘書室の廃止を決めた．しかし，グループ全体の構造調整に司令塔は必要であるとして新たに構造調整本部を設けて，事実上会長秘書室から組織を引き継いだ．構造調整本部は通貨危機後の三星自動車の売却や三星綜合化学への外資導入などビッグディール関連の案件やその他系列会社間の事業の調整，所有構造の改編など，通貨危機後の構造調整に主導的な役割を果たしたという．2003年8月時点での構造調整本部は，企画，経営診断(監査)，人事，財務，法務，弘報，それに会長秘書の各チームに分かれており，メンバーは70-80名と危機直前からさらに人員を縮小させていた[7]．経営委員会の役割を果たしていた俸給経営者のみからなるグループ運営委員会も，構造調整委員会と改称された[8]．グループ組織の仕組み自体はそのまま維持されたと言えるが，日常的な経営においては個別の企業の経営の独立性を強化する方向に改革が進められた．「改編案」では小グループ制を廃止して従来の小グループの権限を個別会社に下ろすことになった．例えば投資について，一定額以上の投資は構造調整本部の承認を必要とするものの，それ以下の案件について個別の系列企業の判断に委ねた[9]．またグループや小グループレベルでの大学新卒者の一括採用を廃止し，社員の採用はすべて系列会社が独自に判断しておこなうこととした．役員人事については，副社長以上についてはグ

---

[7] 2003年8月19日，三星電子役員(元構造調整本部勤務)からのヒアリング．
[8] ただしグループ運営委員会は毎週開催されていたが，構造調整委員会に改組後は隔週開催となった．メンバー数は時期，報道によって異なっており，はっきりしない．1997年のグループ運営委員会は小グループ長を中心に9名，1998年に構造調整委員会に改組された際には10名とされるが，2002年には5名と大幅に縮小されている．しかしその後2004年には構造調整本部からの2名，三星電子からの4名を含む11名と再び増加したことになっている(中央日報経済2部[1997:56-57]，『毎日経済』1998年4月9日，東亜日報経済部[2002:13-15]，ソウル新聞社経済部[2005:52-53])．
[9] 例えば2000年代半ばの三星物産の場合，構造調整本部の承認を必要とする投資案件は50億ウォン以上であったという(2010年12月10日，三星物産元役員からのヒアリング)．ただしこの金額は企業や時期によって違っていたとみられる．

ループ会長や構造調整本部などグループ本社レベルで決定するが，専務以下については個別系列会社が決定し，構造調整本部は基本的に介入をしない体制となった10)．

その上でグループ全体の意思決定がどのようにおこなわれたのかについて必ずしも詳細は明らかでない．報道によれば，構造調整委員会が新規事業の進出や外国企業との合弁，大規模投資等の事項について緊密な意見調整をおこなった．重要な意思決定については同委員会で議論した結果を構造調整本部長が李健熙会長に報告し，裁可を受けたという（東亜日報経済部[2002：15]）．この他のグループ会長の役割は，年に1回程度，社長団会議に出席してグループの長期的な方向性について指示を出すことであった．李健熙会長はそれ以外にも非公式な視察，発言を通じて経営に関与していたが，グループ経営もその多くを俸給経営者に委ねていたといってよいだろう．

2000年代後半になると三星グループは李健熙会長から長男の李在鎔への財産継承に関わる株式と転換社債の不正取引問題や，政界及び官界，さらには検察関係者への資金提供事件で大きく揺れることとなった．政界への不正資金提供事件が発覚した直後の2006年3月には構造調整本部を縮小して戦略企画室に改編すると発表した．さらに2008年4月に李健熙会長が不正資金及び株不正取引問題で在宅起訴され，それに伴って三星電子の代表理事会長職をはじめ，すべての理事職を辞任して経営から完全に手を引くことを発表した（のちに執行猶予付き有罪が確定）．グループは各系列会社のCEOの集まりである社長団協議会を中心に運営されることになった．社長団協議会の下には投資調整委員会，ブランド管理委員会を置いた．戦略企画室に代わって，社長団協議会の事務局の役割を担う組織として業務支援室を三星電子内に新たに設置したが，10人ほどの小さな組織であってグループ統括組織は完全に廃止したというのが三星グループの説明である．しかし，李健熙は2009年12月に恩赦を受け，翌2010年3月に三星電子の代表取締役会長に復帰を果たした．同年11月にはグループ統括組織として新たに未来戦略室の設置を発表するなど，2008年以前の体制に戻りつつある．

---

10) 長年三星グループのグループ統括組織で勤務した役員によれば，1980年代末の三星グループの経営は会長の役割3，会長秘書室4，系列企業3の比重であったが，10年たった通貨危機後は会長の役割1，構造調整本部2，系列企業7に変わったという．注7)のヒアリングに基づく．

第6章　経営改革のさらなる進行

2. LG グループ

通貨危機を経て最も大幅にグループ組織の改革をおこなったグループがLGである．LGグループが抜本的な組織改革をおこなった要因は二つあった[11]．ひとつは事業整理と監督体制の整備である．LGグループでは1990年代に様々な分野に事業を拡張したが，1997年に一部の系列企業では経営上大きな問題が生じた．LGグループは非関連多角化を進めすぎたこと，系列企業を有効にモニタリングできていなかったことへの反省から，通貨危機直後の混乱を収拾した後，本格的な事業整理とグループ組織の改革に乗り出すことにしたのである．もうひとつの要因は創業者家族の間でのグループの分割である．LGグループは具家と許家で三世代にわたって家族構成員が一体となって経営を続けてきた．しかしその結果，1990年代後半からは経営に参加している具家の親族同士で4親等や5親等も離れるケースが生じていた．家族概念が日本よりも広い韓国とはいえ，これだけ離れると家族としての一体感は希薄にならざるをえない．さらに2002年に具家と許家を結びつける存在であった許準九が亡くなった．これにより具家と許家の間でも分離への気運が一気に強まることになった．そこでまず1999年にLG海上火災を創業者弟(次男)の具哲會直系の家族に分与した．翌2000年には創業者三男(具滋學)，四男(具滋斗)がそれぞれアワーホーム，LGベンチャー投資の分与を受けて独立した．さらに，2003年には創業者の弟三人(具泰會, 具平會, 具斗會)の直系家族がLG電線他金属部門とガス事業4社の所有と経営を継承してLG電線グループ(その後LSグループに改称)となった．最後に許家がLG建設のほか流通及びエネルギー事業の系列企業を中心として新たにGSグループを設立し，LGグループから離れることになった．

LGグループはグループの効率的な分割と組織改革の手法として，1999年に解禁された純粋持株会社の設立を利用した．LGグループはそれまで具家，許家の多くの家族構成員が各系列企業の持株を少しずつ保有することによって，家族全体としてグループの支配株主の地位を保持していた．しかし，具家と許家の間でグループを分割するにあたって，両家の持株を個別系列企業

---

[11] 以下は2003年8月20日，LGグループ役員からのヒアリングに基づく．

ごとに整理することは複雑で容易ではなかった．そこで比較的分離が容易な企業については具家の傍系家族が分与を受けてまずグループから切り離した．次に残りの家族持ち分は新たに設立した持株会社である㈱LGに集中させた上で，各系列企業を㈱LGの子会社とした[12]．その上でこの持株会社及び傘下の子会社を具家，許家の間で分割したのである（図19）．分割にあたっては，創業時の出資比率に合わせて資産額で具家が65％，許家が35％となるように調整したという．

ではこのような組織再編と家族内・家族間分割の過程で各企業レベルでの役員構成にはどのような変化があったのであろうか．表47は2003年時点のLGグループの役員構成をみたものである．1997年以前の構成を示す第3章の表15と比較すると，三星グループと同様に理事会規模を縮小して代わりに多数の非登記理事を置いているが，系列企業の役員になっている創業者家族は非登記も含め極めて少なくなっていることがみてとれる．しかも，翌2004年になるとLS, GSの両グループの系列企業が離れることに加え，持株会社である㈱LGの理事会からGSグループ会長となる許昌秀(ⓒ：第3章図11, 12家系図上の位置，以下同じ)が，またLG電子の理事会からLSグループの会長となる具滋洪(⑬)がそれぞれ外れた．表47では非登記理事として三人の創業者家族がグループに残っているが，具滋克(⑦)は2004年にエクサE&Cに，具滋敏(㉑)は2005年から新たに設立された韓国SMT[13]にそれぞれ移ってLGグループから離れた．具本杰(⑳)も2006年にLG商事から分社化されたLGファッションに移っている．同社は具本杰とその兄弟が2009年末には30％以上の株式を保有しており，具本杰は代表理事の職にある．将来的にはグループから分離される可能性が高いとみられている．また表47にある上場会社以外にLGフィリップスLCDの代表理事に具本俊(⑲)が就いているが，それ以外には創業者家族はみられない．LGグループは三星グループと同様に，創業者家族の経営参加がごく少数に限られる体制に移行したと言ってよいだろう．

---

12) LGグループの持株会社設立過程について詳しくは高龍秀[2009]，イウンジョン・イジュヨン[2003]，キムドンウン[2007]を参照．
13) 韓国SMTはLG-LCDの協力企業でLCDモニター・テレビ用の回路基板の製造をおこなっている．2010年3月時点で具滋敏の兄の具滋燮が代表理事，具滋敏が副社長に就任している．

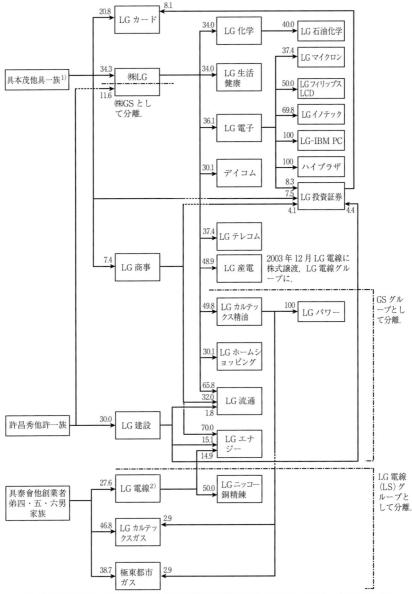

注) 数値は持株比率. 1)LGカード, LG商事持株には許家持ち分が若干残っている. 2)㈱LGに2.9%出資あり.
出所) 各社事業報告書より作成.

図19 LGグループの主な出資関係(2003年9月末)

表47 LGグループ上場企業の理事会構成 (2003年)

		理事会	(社外)	非登記理事
LG化学	理事数	6	3	6
	家族			
LG商事	理事数	7	2	25
	家族	⑬		⑦⑳
LG電子	理事数	8	4	190
	家族	⑬		㉑
LG電線	理事数	7	3	20
	家族	⑯⑮		
LG建設	理事数	8	4	46
	家族	ⓔⓖ		
LG証券	理事数	8	4	13
	家族			
LG産電	理事数	7	3	12
	家族	⑳		
LG石油化学	理事数	8	3	2
	家族			
LGアド	理事数	7	2	11
	家族			
LGカルテックス精油	理事数	10		
	家族	4		
LGカルテックスガス	理事数	5		3
	家族	⑰		
LGカード	理事数	7	4	15
	家族			
極東都市ガス	理事数	5	2	5
	家族	⑮		
LGテレコム	理事数	6	3	24
	家族			
デイコム	理事数	6	3	10
	家族			
LG生活健康	理事数	8	4	
	家族			
LG生命科学	理事数	7	3	12
	家族			
㈱LG	理事数	8	4	8
	家族	⑱ⓔ		
のべ理事総数 (a)		128		
うち家族 (b)		11		
(b/a)		9%		

注) 上場会社協議会準会員会社であるLGカルテックス精油を含む．記号は第3章図11, 12での親族構成員を指す．太字となっている者は代表権を持っていることを意味する．網かけ部分の企業・家族は2004年末までにLGグループから離れたことを指す．

出所) 表46と同じ．

第6章　経営改革のさらなる進行

　三星グループ同様，LG グループも通貨危機直後の 1998 年 3 月に会長室を廃止した．しかし，通貨危機直後の構造調整の過程ではグループレベルで事業再編や債務調整等を求められることが多く，その実務組織として LG グループも構造調整本部を設置した．事実上，会長室が名前を変えて温存されることになった[14]．他方，1998 年末までにかねてから運営の難しさが指摘されていた CU 制を廃止した[15]．通貨危機後に法人レベルで理事の経営責任を明確にする法改正がおこなわれたことが大きな契機となった．LG グループは CU を廃止してそれまで CU が持っていた人事や投資，事業戦略の策定に関する権限を系列企業に委譲した．さらに 1999 年からは新卒者に対するグループ公開採用を廃止し，採用はすべて各系列企業の判断でおこなうこととなった．

　その上で 2003 年に設立された㈱LG は，構造調整本部を吸収して法人格を持つグループ本社となるとともに，系列企業との関係も明確化した[16]．それを図示したものが図 20 である．子会社の意思決定は子会社の理事会がおこない，子会社の代表理事には子会社内部の役員が就任する．持株会社は経営管理チームの各事業担当役員を子会社理事会に派遣する．派遣された役員は子会社理事会の議長に就任して経営の監督をおこなう．またこれ以外に持株会社経営管理チームの事業担当者は担当系列企業と常時コンタクトを取り，情報収集に努めているという．持株会社は株式配当，及び資産化した商標権の使用料（売り上げの 0.2%）を子会社から受け取っている．子会社の資金調達は子会社の決定事項であって，持株会社に資金の貸し付け等はおこなわないが，増資については持株会社の出資比率に影響を与える可能性があるため，持株会社と子会社の間で協議をおこなうという．この他にグループ会長と系列企業のトップを集めた社長団会議が，重要な経済イシュー等についてグループ内で意識を共有することを目的に年 2 回程度開催されている．

---

14) 同本部は会長室長であった李文浩社長を本部長に財務改善チーム，事業調整チーム，経営支援チーム，人事支援チーム等から組織された．翌 1999 年には姜庚植社長を本部長に選任した．同本部は経営透明性と責任経営をより強化する一方，限界事業及び財務構造改善に焦点をあてて事業構造調整を先行させた（株式会社 LG[2007：230-231]）．その後姜庚植の下で持株会社の設立を強力に推進することになった．
15) 例えば LG 商事内のファッション部門は「ファッション CU」として独立して運営されていたが，1999 年から LG 商事の法人の下に統合された（LG 商事[2003：319]）．その後 2006 年に LG ファッションとして分社化されている．
16) 以下は 2005 年 10 月 25 日，㈱LG 役員からのヒアリングに基づく．

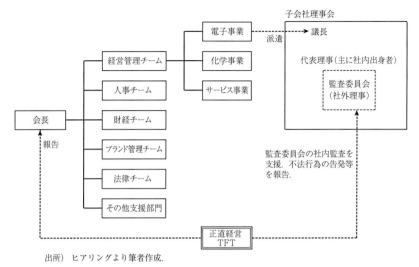

出所) ヒアリングより筆者作成.
図20 LGグループ持株会社の組織と機能(2005年)

ただし,持株会社にグループ本社機能が完全に吸収されてしまったわけではない.持株会社の設立を契機に別途新たに設けられた組織が「正道経営TFT(Task Force Team)」である(以下,正道TFT)[17].正道TFTは,社外理事のみで構成された子会社の監査委員会による経営監督を補佐するために,子会社の経営情報を収集する役割を担うとされた.収集した情報の報告は各子会社の監査委員会だけでなくグループ会長にもおこなうことになっており,持株会社による子会社の監督体制を補完する役割をも担っていたとみることができよう.正道TFTは5年程度の時限的組織とされていたが,2010年になっても組織は残存している.特に2000年代後半からはCSR(Corporate Social Responsibility:企業の社会的責任)に力を入れて,LGグループ各社のコンプライアンスに関する情報を社内外から受け付ける窓口の役割を果たすようになっている[18].

---

17) 以下,正道TFTについては注11),注16)で示したヒアリングに基づく.
18) 正道TFTはホームページで一般からの情報提供を受け付けている(http://ethics.lg.co.kr).

3. SK グループ

　通貨危機後も順調に事業拡大をしていった SK グループだが，組織内部では大きな問題が次々に生じていた．1998 年にグループ会長の崔鍾賢が急死し，代わって長く経営企画室長の地位にあった俸給経営者の孫吉丞がグループ会長に就任した．2003 年には SK グローバル（SK ネットワークス）の粉飾決算や崔鍾賢の長男崔泰源の株式不正取引が発覚し，崔泰源が背任容疑で逮捕されるという事態にまで発展した．その混乱によってグループ中核企業である SK㈱の株価が下落したところに乗じて，外資ファンドのソブリンが株式の 14.76% を買収して筆頭株主となる事態が生じた．ソブリンは経営参加を求めて 2004 年の株主総会で経営陣と激しく争った．結局ソブリンはプロクシーファイトに敗れて 2005 年までに完全に手を引くことになったが[19]，SK グループは一連の事態を受けて，グループの経営組織及び所有構造を再構築する必要に迫られた．その具体的な解決策が LG グループと同じく純粋持株会社の設置であった．

　SK グループも通貨危機直後に経営企画室を構造調整推進本部に改組していたが，崔泰源の逮捕を契機に 2003 年中に構造調整推進本部を解散し，経営は各系列企業の独自性に委ねると宣言した．しかし，実際は SK㈱のなかに設置された投資会社管理室が構造調整推進本部の役割を代行することとなった．その後，SK グループは多くの系列企業の持株を SK㈱に集中させた上で，2007 年に同社からエネルギー・化学部門の事業会社である SK エナジーを分割し，残る SK㈱本体をグループの持株会社とした[20]（図 21）．ただし，SK㈱のなかに生命科学（製薬，医療）分野を残している．収益を生むまで時間がかかる新事業は持株会社で育成する方針であるという．また SK㈱の株式を創業者家族が直接保有しているわけではなく，SK㈱の最大株主は SK C&C であり，創業者家族は SK C&C の株式を保有するという間接的な所有支配の形態になっている．系列企業の経営は社外理事が 60% 以上を占める理事会を中心に運営されている．持株会社内に経営支援セクションがあり，

---

19) 以上の一連の経緯について詳しくは，高龍秀[2009]第 6 章を参照．
20) 以下は 2010 年 1 月 7 日，SK グループ役員からのヒアリングに基づく．なお，SK グループの持株会社設立過程については，パクチャンウク・チェジョンボム[2008]に詳しい．

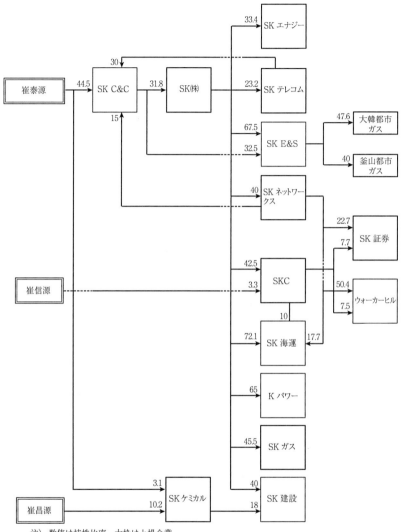

注) 数値は持株比率. 太枠は上場企業.
出所) SK グループ資料等により作成.

図 21 SK グループの主な出資関係(2009 年 8 月末)

第 6 章　経営改革のさらなる進行

子会社ごとに役員を含む 3-4 人からなるチームをつくってサポートをおこなっている．持株会社の収入源は LG グループと同様，子会社からの配当，売り上げに対して課される商標権使用料，及び不動産の賃料である．持株会社は独自にグループの事業戦略を策定することはなく，子会社の経営はすべて子会社理事会の自律的な決定に委ねているという．持株会社は子会社に対してあくまでもポートフォリオ投資として配当が多ければ投資を増やし，少なければ投資を減らすというスタンスで臨んでいるというのが SK グループの説明である[21]．

しかし，グループには社長団会議を意味する SUPEX 追求協議会に加え，グループ会長と SK㈱，SK エナジー，SK テレコム，SK ネットワークス，

表 48　SK グループ上場企業の理事会構成（2009 年 9 月）

		理事会	（社外）	非登記理事
SK ネットワークス（旧 SK グローバル）	理事数	7	4	47
	家族			
SK ケミカル	理事数	7	4	21
	家族	⑦		
SKC	理事数	7	4	19
	家族	⑤⑥		
SK㈱	理事数	7	4	32
	家族	②③		
SK エナジー	理事数	10	7	97
	家族	②		
大韓都市ガス	理事数	8	2	3
	家族			
SK 証券	理事数	9	5	14
	家族			
SK テレコム	理事数	8	5	99
	家族	③		
SK ガス	理事数	4	2	19
	家族	③		
のべ理事総数(a)		67		
うち家族(b)		8		
(b/a)		12%		

注）丸付き数字は第 3 章図 15 での家族構成員を指す．太字となっている者は代表権を持っていることを意味する．
出所）各社四半期報告書をもとに筆者作成．

---

[21] SK グループによれば，SK グループの定義とは同グループ独自の経営理念と運営マニュアルを明文化した SKMS に基づく経営をおこなっている企業であるという（注 20）に示したヒアリング）．

SK C&Cの主要5社のトップで構成する戦略委員会を設けるなど，グループレベルの協議体や意思決定機構を残している．また，表48は2009年9月のSKグループの主な企業の役員構成をみたものだが，持株会社の代表理事会長である崔泰源(②：第3章図15家系図上の位置，以下同じ)会長はSKエナジーの代表理事会長を兼任しており，その弟の崔再源(③)は持株会社の代表理事であると同時に，子会社のSKガスの代表理事及びSKテレコムの理事でもある．持株会社は投資面のポートフォリオだけでなく事業面にも深く関与する立場にあることになり，子会社の独立性にも一定の限界があるとみるのが妥当であろう．また，このことは多くの創業者家族がグループ及び系列企業の経営に参加し，そのプレゼンスは依然として大きいことを意味してもいる．

以上でみたように，創業者家族の経営関与の縮小と俸給経営者の台頭，及び経営権限の下方委譲，という第3章で示した経営改革が三星，LGの両グループでは通貨危機後に加速化することとなった．特にLGグループが三星グループを追いかけるかたちで，世代交代に伴う家族・親族間の分割を経て経営に参加する創業者家族がごく少数にとどまる経営体制に移行した．さらにLGグループは通貨危機後に解禁された純粋持株会社を導入することによって法人格を持つ本社と子会社にグループ組織を整理して，経営上の権限と責任を明確にした．これに対してSKグループも持株会社制を導入するなど，通貨危機後に経営改革を進めている．ただし，世代交代の後も傍系も含め多数の家族が経営に参加しており，俸給経営者への権限委譲は三星，LGのように積極的とは言えない．

第3節　2000年代の経歴別役員構成
――系列企業生え抜きの台頭――

各グループは通貨危機後，グループ組織とそのなかでの家族経営者のあり方を再構築するとともに，系列企業に日常経営の権限を委譲する方向に経営改革を進めたが，そのなかで俸給経営者の構成には変化があったのであろうか．ここでは第4章でみた俸給経営者の経歴別の構成について，通貨危機後

の変化を確認しておきたい．

1. 三星グループ

　表49は2003年時点の三星グループの専務以上の俸給経営者の経歴別構成をみたものである．グループ生え抜きの比率が71%と第4章の表19の1997年時点の62%と比べてさらに上昇していることがわかる．そのなかでもグループ内異動経験者の比率が52%から45%にまで下がり，在籍企業以外に異動経験のない者の比率が10%から26%に上昇している．グループ統括組織である会長秘書室や構造調整本部の在籍経験者は全体の31%と1997年時点と変わらないが，グループ統括組織の在籍経験者のほとんどはグループ生え抜きの異動経験者に分類されていることから，グループ内異動経験のある生え抜き経営者の約3分の2がグループ統括組織に在籍した経験があることになる．三星グループの生え抜き経営者は各系列企業の業務を専門的に担う経営者と，グループ統括組織を経験して場合によっては系列企業を異動しながらグループ経営を主に担う経営者に二分化しつつあると言うことができる．

　表50は第4章の表22と同じく経歴を職階別・出身学科別に分けてみたものである．人文社会系学科出身者は相対的にグループ内異動経験者が多い状況は変わっていないが，理工系学科出身者は異動経験のないものの方が多数派になっている．また全体の理工系出身者の比率に変化はないが，副社長クラス以上の方が専務クラスよりも理工系比率は高くなっている．このことから理工系に対する昇進の壁のようなものは存在せず，経営トップの層でも大きな役割を占めるに至っていることがわかる．このなかでは修士，博士の学位を持って入社した役員が増えているが，その多くは三星電子の半導体及び情報通信部門のポストに就いている．IT分野では高い科学知識が求められていることが理解できよう．さらに博士19名のうち12名が外部から役員として迎え入れられた人材である．表51は2003年時点での生え抜き役員で入社年が判明している者の配属企業である．1997年時点と比べて初職が三星電子である者が極めて多くなっている．その多くが入社した1970年代半ばは三星電子が企業規模を急速に拡大した時期にあたること，2003年時点にはグループに占める三星電子の存在が極めて大きくなっていることを反映し

表49 三星グループ系列企業役員(専務級以上)の経歴(2003年)

		(%)
企業数	14	
合計	162	100
グループ生え抜き	115	71
在籍企業のみ	42	26
グループ内異動経験	73	45
中途入社	8	5
外部迎え入れ	22	14
その他	0	0
不明	17	10
統括組織経験	50	31
学卒	123	76
修士	20	12
博士	19	12
その他	0	0
人文社会系	86	53
理工系	74	46
不明	2	1

出所) 第4章本文注3)を参照.

表50 三星グループ役員の経歴の職階別・出身学科別構成(2003年) (人)

副社長以上	グループ生え抜き		中途入社	外部迎え入れ	不明	計
	在籍企業のみ	グループ内異動経験				
人文社会系	2	32	4	1	1	40
理工系	15	10	3	9	1	38
計	17	42	7	10	2	78

専務	グループ生え抜き		中途入社	外部迎え入れ	不明	計
	在籍企業のみ	グループ内異動経験				
人文社会系	9	24	0	5	8	46
理工系	16	7	1	7	5	36
計	25	31	1	12	13	82

出所) 第4章本文注3)を参照.

表51 三星グループ生え抜き役員の入社時配属企業(2003年)(人)

三星電子	23
第一毛織	12
第一物産	9
第一合織	8
中央日報	5
三星重工業	4
第一企画	3
第一製糖	3
不明	12
その他	12
計	91
平均入社年	1975

出所) 第4章本文注3)を参照.

表52 三星グループ外部迎え入れ役員の前歴(2003年) (人)

政府・軍等	3
公営企業	
銀行	
大学・研究所	4
外資系・外国企業	9
国内民間企業	6
その他	
計	22

出所) 第4章本文注3)を参照.

ている．表52は外部迎え入れ役員の前歴だが，大学・研究所，及び外国企業出身者が過半を占めている．全体として中途採用者は大幅に減っているものの外部迎え入れの役員の比率は横ばいであり，内部昇進者を中心とした人材登用をおこなう一方で，三星電子を中心に海外や大学等の高い専門知識を有する役員クラスの人材は活発にリクルートしていることがわかる．

2. LGグループ

LGグループでは通貨危機後にグループ内各系列企業内で専務という階級を廃止した．よって表53は2003年におけるLGグループの副社長クラス以上の役員の経歴別構成である．LGグループは1997年時点からグループ内生え抜きのなかでも在籍企業以外のグループ内異動経験のない者の比率が高かったが，2003年時点ではさらに上昇して全体の47％を占めるに至っている．他方，グループ統括組織在籍の経験者の比率も全体の4分の1近くに達している．これはグループ内異動経験者と大差ない人数であり，LGグループのグループ生え抜き役員も三星グループと同様に，各系列企業の経営に専念する者とグループ内統括組織を経験して複数の系列企業の経営に携わる者に二分化されてきていることがわかる．

学歴別構成をみるとLGグループでも修士，博士の学位を取得した後に入

表53 LGグループ役員（副社長以上）の経歴別構成（2003年）

		(%)
企業数	19	
合計	113	100
グループ生え抜き	86	76
在籍企業のみ	53	47
グループ内異動経験	33	29
中途入社	8	7
外部迎え入れ	11	10
不明	8	7
統括組織経験	27	24
学士	93	82
修士	10	9
博士	10	9
人文社会系	65	58
理工系	48	42

出所）第4章本文注3)を参照．

表54 LGグループ役員経歴(副社長以上)の
経歴の出身学科別構成(2003年)　　　(人)

	グループ生え抜き		中途採用	外部迎え入れ	不明	計
	在籍企業のみ	グループ内異動経験				
人文社会系	25	26	2	6	6	65
理工系	28	7	6	5	2	48
計	53	33	8	11	8	113

出所)　第4章本文注3)を参照.

表55　LG生え抜き役員の入社時
配属企業(2003年)　(人)

LG化学	18
LGカルテックス精油	7
LG電子	23
LG建設	5
LG商事	3
LG電線	4
その他	2
計	62
平均入社年	1975

出所)　第4章本文注3)を参照.

表56　LGグループ外部迎え
入れ役員の前歴(2003年)　(人)

政府・軍等	3
公営企業	
銀行	
大学・研究所	3
外資系・外国企業	2
国内民間企業	1
その他	2
計	11

出所)　第4章本文注3)を参照.

社した者が増加しているが，三星に比べるとその比率は低い．内訳は博士取得後入社した10名のうち6名が理工系学科出身者だが，分野は電子と化学出身者で二分している．全体の出身学科別では若干だが理工系の比率が低下しているが，これは1997年までは正式な法人の役員として表に出てきていなかったグループ統括組織のメンバーが，2003年には持株会社である㈱LGの役員として表53には出てきていること，広告代理店であるLGアドが役員数を大幅に増やしたことが作用している．㈱LG，LGアドいずれも役員はすべて人文社会系学科出身者である．表54の経歴別・出身学科別の構成を第4章の表26と比較すると，出身学科を問わず在籍企業以外のグループ内異動経験のない者が増えており，人文社会系でもほぼ半数を占めるようになっていることがわかる．表55のグループ生え抜き役員の入社時配属企業は表24で示した1997年のときと大きな変化はないが，グループ内異動経験のない役員が増えていることも反映して，配属企業は多様になっている．表56の外部迎え入れ役員の経歴を1997年時の表25と比べると，国内民間企業からのリクルート組が大きく減少している．この傾向は三星，SKの両グ

ループについても確認することができる[22]．上位グループが国内民間企業のなかで抜きん出た存在になっていることを反映していると言えよう．

3．SK グループ

SK グループの2003年の経歴別役員構成はこれまでみた三星，LG と様相が異なっている(表57)．第1に，1997年と比べてグループ生え抜きの比率が下がり，中途入社の比率が上昇している．中途入社組の比率上昇の要因は，ひとつには旧公営企業であるSK㈱と SK テレコムが買収以前の拡大過程で主に官庁から人材を受け入れていたことにある．もうひとつの要因は，1982年に SK 海運を設立した際に同業他社からの中途採用によって人材を確保していたが，2000年代に入って同社の役員がこれら中途採用者で占められるに至ったことによる．三星やLG と異なる第2の点は，グループ内異動経験のある役員の比率には変化がないことである．グループ生え抜き全体の比率が低下する一方で異動経験者が一定数存在する要因としてあげられるのは，旧油公出身者で他のSK グループの企業の役員に就任する者の増加である．

表57 SK グループ役員（副社長以上）の経歴別構成（2003年）

		(%)
企業数	12	
合計	48	100
グループ生え抜き	24	50
在籍企業のみ	9	19
グループ内異動経験	15	31
中途入社	12	25
外部迎え入れ	8	17
不明	4	8
統括組織経験	6	13
高卒	1	2
学士	33	69
修士	8	17
博士	6	13
人文社会系	26	54
理工系	22	46

出所）第4章本文注3)を参照．

表58 SK グループ生え抜き役員の入社時配属企業（2003年）（人）

SK㈱(旧油公)	10
SK ケミカル	4
SK グローバル	3
計	17
平均入社年	1974

出所）第4章本文注3)を参照．

---

22) 三星グループについては表52，SK グループについては表60を参照．なお，2003年の現代自動車グループでは外部から役員として迎え入れた者は3名にすぎず，軍から1名，海外企業(GM)から1名，国内企業(大宇自動車，三星自動車役員を歴任)1名という構成であった．

第3節　2000年代の経歴別役員構成

このことは表58のSKグループ生え抜き役員の入社時配属企業でSK㈱が多いことからも見てとることができる．旧油公を買収した当時，油公は大企業としての歴史がすでに長く，SKグループよりも組織管理をおこなえる人材も多く蓄積していたと考えられるが，SKグループはこれら旧油公の人材をグループ全体で有効に活用していることがうかがえる．

出身学歴では人文社会系学科出身者が優位であったSKグループでも理工系学科出身者の比率が46％にまで上昇している．特に専務クラスでは理工系が優位になっているが，中途入社や外部迎え入れが多いことが目を引く（表59）．理工系の内部昇進は必ずしもまだ十分でないことがわかる．SKグループの2003年の役員構成のもうひとつの特徴として，大学院卒で入社した者の比率が際だって高いこと，ただしこのうち理工系出身者は2名に過ぎ

表59　SKグループ役員の経歴の職階別・出身学科別構成　　　　　　　　　　　　　　　　　（人）

副社長以上	グループ生え抜き		中途入社	外部迎え入れ	不明	計
	在籍企業のみ	グループ内異動経験				
人文社会系	4	8	0	2	0	14
理工系	2	3	2	0	0	7
計	6	11	2	2	0	21

専務	グループ生え抜き		中途入社	外部迎え入れ	不明	計
	在籍企業のみ	グループ内異動経験				
人文社会系	1	2	6	3	0	12
理工系	2	2	4	3	4	15
計	3	4	10	6	4	27

出所）　第4章本文注3)を参照．

表60　SKグループ外部迎え入れ役員の前歴（2003年）（人）

政府・軍等	2
公営企業	1
銀行	
大学・研究所	1
外資系・外国企業	1
国内民間企業	3
その他	
計	8

出所）　第4章本文注3)を参照．

第6章　経営改革のさらなる進行

ず大半が人文社会系の学位であることがあげられる．その意味するところは不明だが，先々代会長の崔鍾賢，現会長の崔泰源と2人ともシカゴ大学経済学部の博士課程に在籍していたことが関係しているかもしれない．

以上でみてきたように，上位グループはいずれも通貨危機後の2000年代に入ってからも引き続きグループ生え抜きの役員の比率が上昇し，特に三星グループとLGグループでは所属系列企業以外に異動経験を持たないグループ生え抜き役員，いわば「系列企業生え抜き」の役員が増加している．両グループではひとつの系列企業でのみキャリアを積む者，グループ統括組織の在籍経験を持ち複数の系列企業の役員を歴任する者と俸給経営者のキャリアパスが分化してきていると言える．ひとつの企業でのみキャリアを積んだ役員の増加は現在の主要企業の設立が一段落した1970年代に入社した者が役員の主流になってきたことも影響しているが，各系列企業の経営には各事業分野で専門性を持った人材がより求められるようになり，系列企業間の異動が減少するようになったことを示しているとみられる．他方ではグループ経営の全体をよく理解する人材も必要であり，これら人材はグループ統括組織でのキャリアを中心に複数の企業で役員経験を持つに至っている．先にみたようにグループ一括大卒新入社員の採用は廃止されており，今後はますます各系列企業でのみキャリアを積む者が増えていくものと考えられる．

これに伴ってグループレベルでの社員研修も変化をみせている．人材養成機関による職階別のグループ合同研修は維持されているが，各系列企業での専門性の高まりを反映して実務研修は減少する傾向にある．代わってMBA派遣などによって幹部候補生に経営一般を教育する性格が強くなるとともに，グループ内成功事例の検討などによるグループ価値の共有化にも力を注いでいる[23]．これは系列企業の自律性強化という遠心力が働くなかで，新たな求心力を求める試みであると理解することもできよう．

---

23) 2009年7月14日三星人力開発院，2009年7月15日人和苑でのヒアリング．

第4節　現代自動車グループの経営者と組織

ここでは現代グループ本体に代わって急速に拡大している現代自動車グループの経営体制を確認しておきたい．表61は現代自動車グループの主な系列会社の役員構成をみたものだが，新たな創業者家族が経営に参加していることがわかる．グループ会長の鄭夢九(⑧)が現代自動車と起亜自動車，現代モービス(旧現代精工)とグループ主要3社の代表理事会長職に就いており，息子の鄭義宣(⑯)も2003年時点で33歳ながらすでに社長として起亜自動車と現代モービスの理事会に入っている．また鄭夢九の甥の鄭日宣(⑰)もBNGスチールの社長に就任しているなど，経営への創業者家族の関与度は総じて高いままと言える．

現代グループから分離後，グループ統括組織として企画総括本部を置いていた．しかし，他のグループの構造調整本部等と比べて規模は小さかったとみられる．また2002年時点では鄭義宣が副本部長を務めるなど，創業者家

表61 現代自動車グループ上場企業の理事会構成(2003年)

		理事会	(社外)	非登記理事数
起亜自動車	理事数 家族	8 **⑧**⑯	4	79
BNGスチール	理事数 家族	4 **⑰**	1	2
INIスチール (旧仁川製鉄)	理事数 家族	8	4	26
現代モービス (旧現代精工)	理事数 家族	8 **⑧**⑯	4	17
現代オートネット	理事数 家族	5	3	5
現代自動車	理事数 家族	8 **⑧**	4	145
現代ハイスコ (旧現代鋼管)	理事数 家族	8 ⑮	4	8
のべ理事総数(a)		49		
うち家族(b)		7		
(b/a)		14%		

注)　丸付き数字は第3章図14での親族構成員を指す．太字になっている者は代表権を持っていることを意味する．
出所)　第4章本文注3)を参照．

表62 現代自動車グループ系列企業役員(専務級以上)の経歴

	1997年	(%)	2003年	(%)
企業数	5		7	
合計	59	100	106	100
グループ生え抜き	43	73	81	76
在籍企業のみ	23	39	47	44
グループ内異動経験	20	34	34	32
中途入社	8	14	8	8
外部迎え入れ	2	3	3	3
その他	1	2	1	1
不明	5	8	13	12
統括組織経験	0	0	1	1
学卒	54	92	94	89
修士	2	3	5	5
博士	1	2	6	6
その他	2	3	1	1
人文社会系	31	53	50	47
理工系	26	44	55	52
その他	2	3	1	1

注) 1997年の項は2003年に現代自動車グループに属している企業の1997年時点の数字.
出所) 第4章本文注3)を参照.

族の影響力は強かった(東亜日報経済部[2002:92-93]).2006年4月に不正資金事件が発覚し,鄭夢九が逮捕されるという事態が生じた.これを契機に同グループは企画総括本部の解散を発表したが,間もなく鄭夢九は保釈されて経営に復帰している(結局執行猶予付き有罪判決).2000年代末までの時点で,現代自動車グループは会長を頂点とした創業者家族を中心とする経営に変化はなく,グループ組織も整備していないといってよいであろう[24].これは分裂によって生まれたグループであるため自動車,鉄鋼と事業範囲が狭く当初は規模もそれほど大きくなかったことから,グループ組織を整備する必要があるとは認識しなかったためと考えられる.

次に表62には2003年の家族経営者を除く経歴別構成について,第4章表27の1997年の項のなかで現代自動車グループとして分離された系列企業の役員の構成も合わせて示している.1997年の経歴別構成は表27の現代グループ全体と比べてグループ生え抜き,なかでも現在在籍の企業以外はグルー

---

[24] 現代自動車内には秘書室長をトップとする非公式なグループ運営組織は残っているという.また会長及びその補佐組織に個別系列企業の経営の権限まで集中しているわけではなく,例えば他グループと同様,採用は系列会社ごとにおこない,人事も常務クラスまでは系列会社が独自に決定しているという(2010年1月19日,現代自動車役員からのヒアリング).

表 63 現代自動車グループ役員の経歴の職階別・学科別構成 (2003 年)　　(人)

副社長以上	グループ生え抜き		中途入社	外部迎え入れ	不明	計
	在籍企業のみ	グループ内異動経験				
人文社会系	8	13	1		1	23
理工系	7	6	3	1	3	20
計	15	19	4	1	4	43

専務	グループ生え抜き		中途入社	外部迎え入れ	その他	不明	計
	在籍企業のみ	グループ内異動経験					
人文社会系	13	8	1	1	1	3	27
理工系	19	7	3	1		6	36
計	32	15	4	2	1	9	63

出所) 第 4 章本文注 3) を参照.

表 64 現代自動車グループ生え抜き役員の入社時配属企業 (2003 年) (人)

現代自動車	32
現代自動車サービス	7
現代モービス	4
INI スチール	3
現代建設	2
不明	7
計	55
平均入社年	1976

出所) 第 4 章本文注 3) を参照.

プ内異動経験のない役員が多かった．異動経験のある役員の 4 分の 3 は現在の現代自動車グループの系列企業の間で異動した者である．それだけ現代自動車グループの各系列にある程度事業の連関性がある証左ともいえるが，1997 年までに現代グループにはその後の分裂をもたらすような人事的な境界が生まれていたとも解釈できるだろう．2003 年になるとグループ内異動経験のない役員の比率がさらに上昇している．また理工系学科出身者の比率が 50% を超えるに至っている．職階別・経歴別・学科別構成では，特に専務クラスで出身学科を問わず生え抜きのなかでもグループ内異動経験がない者の比率が高くなっており (表 63)，異動経験者の比率が依然として高い副社長以上と大きな対照をなしている．専務クラスに昇進するとグループ人事として他系列企業に異動することが多くなるのか，それとも将来的には副社長

第6章　経営改革のさらなる進行

以上もグループ内の異動がないような人事となるのか，この段階でははっきりしない．

入社時の企業を確認すると，やはり現代自動車にまず入社した者が圧倒的に多く，現代グループ本体の系列企業にまず入社した者は極めて少ない（表64）．なお，新たに買収した起亜自動車については現代自動車との経営の一体性を考慮して同一企業として計算しているが，2003年の起亜自動車の専務クラス以上役員29名のなかで旧起亜自動車出身とみられる者は5名にすぎず，残りの大半は現代自動車，または現代モービスの出身者で占められている．旧起亜自動車の多くの役員は現代自動車グループへ編入後，整理されてしまったとみられる．

小　括

通貨危機直後の構造調整政策において韓国政府は財閥に不透明なグループ経営の仕組みを正すよう要請するとともに，情報開示の促進，少数株主の保護，理事会の経営監督機能の強化，及び理事の経営責任の強化を図るべく会社法の改正をおこなった．また財閥の構造調整を容易にし，グループ経営の透明化を図るために純粋持株会社を解禁した．

これを受けて三星グループとLGグループは一層の経営改革を推し進め，俸給経営者の登用とグループ組織の整備を進めた．具体的には三星に続いてLGも家族間・家族内での系列企業の分与によって経営に参加する家族経営者は会長の他はごく少数となり，個別系列企業の経営はほぼ俸給経営者に委ねることとなった．また両グループとも系列企業への経営権限の委譲を進め[25]，特にLGグループはグループ本社を持株会社に転換して子会社との権限と責任の配分を明確にした．SKグループも持株会社を設立してグループ組織の再整備に乗り出している．しかし創業者家族が多く経営に参与し，会長が子会社の代表理事を兼務するなど，俸給経営者の権限委譲と系列企業の

---

[25]　権限の委譲は系列企業の内部でも進行している．特に近年，三星電子の競争力に注目が集まっているが，石田賢は同社が市場の変化に迅速に対応できる要因として，製品をコントロールする事業部長に開発から製造，マーケティングまですべての権限と責任を委ねている点をあげている（石田[2010]）．同様の視点から三星電子の半導体事業を詳細に分析した研究として吉岡[2010]がある．

小　括

独立性強化には一定の限界がみられる．また第4章でみた俸給経営者の経歴別構成を通貨危機後の2000年代についても確認すると，1990年代からのグループ生え抜きの役員比率の上昇が引き続き観察され，SKグループを除くと「系列企業生え抜き」の役員の増加が顕著であった．三星，LGにおける系列企業生え抜き組の増加は，系列企業に日常経営の権限を委譲する組織改革と軌を一にしており，系列企業の自律的な経営を補完する役割を果たしていると考えられる．

終　章
結　論

　最後に，本書でこれまで論じてきたことをまとめるとともに，そのインプリケーションとして今後の韓国財閥の行方についていくつかの論点を指摘し，本書の結論としたい．

1. 各章での議論のまとめ
（1）　財閥の経営改革と分岐
　1980年代後半から2000年代に至るまで，財閥，特に三星，LG，現代，SKの4大グループが大きな経済環境の変化のなかでもグループを維持，拡大することができた大きな要因のひとつが経営改革の断行であった．ここでの経営改革とは，ひとつは俸給経営者の積極的な登用であり，もうひとつは組織改革，具体的にはグループ本社の整備と日常の経営権限の下部委譲である．しかし，上位グループのなかでも改革の進行度には違いがあり，それがグループの行方に影響を与えることになった．三星グループとLGグループの場合，時期の違いはあるが世代交代に伴う系列分離もあって経営に参加する創業者家族を大幅に減小させ，その代わりに代表理事を含め系列企業の経営に俸給経営者を積極的に登用した．両グループとも並行して効率的な管理のためにそれまで家族経営者とグループ統括組織が直接的に経営をおこなっていた体制を改め，グループ会長―経営委員会―グループ統括組織からなるグループ本社を整備して，主にグループの長期計画と戦略的な資源配分を担うこととした．その上でグループを業種ごとのサブグループに分け，それまで会長とグループ統括組織が持っていた権限の一部をサブグループに委譲した．通貨危機後はこの権限委譲を系列企業レベルにまで進め，特にLGグループは純粋持株会社を設置することによってグループ本社と系列企業の関係を持株会社―子会社の関係に制度化して，子会社の経営の自律性を高めた．
　SKグループの場合，経営改革では両グループを追いかける位置にある．

終章　結論

通貨危機以前は第一世代のグループ会長を中心に創業者家族中心の経営体制に大きな変化はなかった．しかし，通貨危機直後の経営の混乱を経て，2000年代に入ってから新たな第二世代のグループ会長の下で，LGグループ同様に純粋持株会社を設立して系列企業＝子会社の経営の自律性を高める組織改革を実施した．しかし，複数の第二世代の家族経営者が持株会社だけでなく子会社の代表理事に就くなど，創業者家族のプレゼンスは依然として高く，子会社の経営の自律性にも一定の限界があるとみられる．

これに対して現代グループは，グループ拡大のなかでも明確な組織改革をおこなわなかった．俸給経営者が多く登用されたが，系列企業での家族経営者のプレゼンスの大きさに変化はなかった．第二世代間での分割経営の様相もみせていたものの，家族のなかで中核企業のいくつかの帰属がはっきりしないなど組織の方向性が定まっていなかった．通貨危機後，創業者家族の間での紛争が激化してグループは大きく分裂した．まもなく現代グループ本体は主力企業の経営悪化により大幅に規模を縮小することとなった．

(2)　生え抜き俸給経営者の台頭

俸給経営者のプレゼンス上昇に合わせて，そのキャリア別構成にも大きな変化があった．いずれのグループでも，役員として外部から迎え入れられた者の比率が大きく低下し，代わってグループ生え抜き役員の比率が上昇した．その多くはグループ公開採用によって入社した者であり，グループレベルでの社員教育を受けるとともにグループ内の複数の系列企業あるいはグループ統括組織でキャリアを積んできていた．これら内部昇進者が大量に養成され，グループ拡大に伴って増大した役員ポストを埋めることとなった．こうしたグループ内部昇進者の増大は，サブグループないし系列企業への権限委譲を人材面で支えたと考えられる．

通貨危機後の2000年代に入ると，三星，LGの両グループではグループ生え抜きの俸給経営者のなかでもひとつの系列企業でのキャリアのみ有する役員の割合が大きく上昇している．このことはまた，通貨危機後に進行している系列企業の経営の自律性をさらに高める経営改革を後押ししていると言えるだろう．他方で，大規模公営企業の買収を通じて急成長してきたSKグループの場合，旧公営企業の人材をグループ全体で活用する方向にあり，系

列企業間で異動を経験する役員がむしろ増加する傾向にある．

(3) グループ内出資と財閥の拡大・生き残り

　1980年代末から1990年代後半にかけて，韓国経済は賃金上昇と自由化政策の影響により産業構造を大きく転換させたが，これに対応して4大グループはいずれも事業規模と範囲を拡大させた．その過程で，各グループともグループ内出資を活発化させた．系列企業に公開企業が多いために以前から企業間で直接出資をおこなう方法がとられていたが，持株会社の禁止もあってこの出資形式が維持された．この時期には重化学工業やIT分野の企業が新たなグループ内の中核企業として台頭していた．これら企業が営業キャッシュの稼得能力ばかりでなく外部からの資金調達能力を持つようになり，企業がグループ内の主要な出資者となって自らの業種と関係なく新規企業の設立などで大きな役割を果たした．設立間もなく出資する側に転換する企業もあり，グループのピラミッド型所有構造は下方へと拡大していった．

　1997年の通貨危機直後に金融市場が混乱して新たな借り入れが難しい状況下にあって，4大グループは活発なグループ内出資をおこなって各系列企業の財務構造を改善し，経営不振に陥っていた企業を救済した．そこでは1990年代の中核企業が出資企業として決定的な役割を果たした．これら中核企業は通貨危機直後の景気低迷期にあっても頭抜けた営業キャッシュの稼得能力を持ち，その資金をグループ内他企業に出資することが可能であった．このため三星，LG，SKの各グループは通貨危機後も事業規模を大幅に縮小することなくすばやく業績を回復することができたのである．これに対して現代グループはその後の分裂で中核企業がグループ外に去ってしまったことにより，グループ内での救済ができずに大きく縮小することになった．

　ただし，三星やLGグループでも2000年代後半になると変化の徴候がみられる．三星，LG両グループとも系列企業の目立った経営不安は生じていないが，大きな新規事業の立ち上げもない状況である．そうしたなかで目立ったグループ内出資はおこなわれず，グループ内の各系列企業はそれぞれ資金を自ら調達して事業をおこなうようになっている．

終章　結　論

2. 近代的な経営組織への変容

　以上から，1980年代後半からの韓国財閥の成長を可能にした組織及び資金(内部資本)と人材(経営者)の配分のあり方について，序章の分析視角に即して以下のように整理することができる．まずグループ組織では従来のグループ会長とグループ統括組織による系列企業の直接的なコントロールから，事業規模と範囲の拡大に対応するために，グループ本社が長期計画の策定や戦略的な資源配分を担い，事業ごとに形成されたサブグループや系列企業に日常的な経営の権限を委譲する組織改革が進行した．

　他方でグループレベルでの資源配分は活発におこなわれた．1980年代後半から通貨危機までの新規事業の拡大，及び通貨危機直後の財務構造の改善を支えたのがグループ内部の資本移転であった．政府による各種産業支援策が撤廃されたなかでも，成長を遂げた新たな中核企業から新規事業や財務状態が悪化した企業に対して出資がおこなわれた．人材では公開採用で入社後にグループ内で教育を受けて勤務経験を重ねた内部昇進者が大量に育成され，サブグループや各系列企業のトップをはじめ役員ポストに就任して経営を担うことになった．

　序章で示したように，チャンドラーやウィリアムソンの言う多事業部制組織は，日常的な経営判断は各事業部に委ねつつ，本社は事業部の評価，長期的な経営計画，及びそれに基づく資源の戦略的な配分を担うものとされた．韓国財閥，特に三星グループやLGグループのグループ本社は日常的経営を各系列企業に委ねつつ，自らは長期的方向性の策定とともにグループ内資本の配分や役員人事を決定する，つまり資源の戦略的配分を決定する存在になっている．その意味で多事業部制組織としての形態を整えたと言える．

　以上のような経営改革は創業者家族内での世代交代と密接に関連していた．三星グループやLGグループの場合，当初は創業者とその家族，親族が広範囲に経営に参加していたが，世代交代を契機にその多くはグループから離れていった．離れていく家族には，韓国の相続慣行に基づいて系列企業が財産として分与されることが多かったが，グループ本体には中核企業を中心に多数の企業が残された．継承した会長ほかごく少数の創業者家族がこのグループ本体の経営を担うことになったのである．そのためにも俸給経営者の積極

的な登用やグループ本社の整備と経営権限の系列企業への委譲といった経営改革は不可欠だったと言える．もちろん，創業者家族は依然として支配株主であるばかりでなく経営にも参加しており，チャンドラーがアメリカ企業でみたような，俸給経営者がすべての経営の実権を握る経営者企業に転化したわけではない．しかし，経営改革を進めた結果，財閥はオーナー経営者が個人的に経営をおこなうのではない，より近代的な経営組織へと変容を遂げたのである．

3. 財閥の行方

その一方で，2000年代に入って韓国財閥は多事業部制組織を超える動きもみせている．グループ内で戦略的に配分されてきた俸給経営者は他の系列企業での勤務経験のないグループ生え抜きの者が増加する傾向にあり，グループ内出資の役割は低下しているようにみえるなど，グループの資源配分機能が弱化する傾向がみられるのである．そうしたなかで，韓国の財閥はどのような方向に向かっていくのだろうか．

考えられる方向性は以下のふたつである．ひとつは組織の分権化が進行することによってより緩やかなグループへと変貌を遂げることである．戦前の日本の財閥を例にとると，序章でみたように橘川武郎は，創業者家族が同族会ないし財閥本社に封じ込められる一方，外部の株主に対しては財閥の本社が子会社（直系事業会社）の安定株主の機能を果たしており，これによって子会社における俸給経営者の経営の自由度が高まっていると主張した．ここから橘川は子会社及び俸給経営者の自律性の点で，戦前の財閥と戦後の企業集団の間には一定の連続性があるとみている（橘川[1996]）．これとは別に吉川容は，1920-30年代になると三井財閥では本社による子会社のモニタリング機能が形骸化していたこと，子会社の役員人事への本社の関与も限定的であったこと，本社には投資戦略を企画立案する機能が存在しなかったことを指摘している（吉川[2006]）．ウィリアムソンが多事業部制組織の要件としている本社による内部統制が日本の財閥，少なくとも三井においてはかなり限定的になっていたことを示すものである．

その点で考えると，資金面では第6章で論じたように少数株主の権利が強化された結果，当該系列企業の事業成長や利益に結びつかないような大規模

終章　結論

な出資を他の企業におこなうことは難しくなっている．三星グループの場合，純粋持株会社を持たずに事業会社である系列企業が直接出資をおこなう所有構造を維持しているために，グループ内の資本配分機能に大きな制約が課されてしまったことになる．LG や SK のような純粋持株会社を持つグループでは持株会社への配当が再配分される資金の源泉となる．しかし，株式公開企業が多く内部所有比率が低いために配当による資金の再配分には限界があるという従来のグループの特質は，純粋持株会社を設置した後も変化はない[1]．人的にも今後も当該系列企業での経歴のみを持つ役員が増え続ければ，各系列企業をグループとして統制することは難しくなるだろう．究極的には，創業者家族は直接もしくは持株会社を通じて企業に投資をおこなって収益を得るだけの存在となり，各系列企業はブランドを共有する以外はそれぞれ独自に経営をおこなうようになるかもしれない．

　もうひとつのシナリオは事業の絞り込みによるグループの再編である．序章でみたようにコックとギジェンは，ビジネスグループが成長するにつれて事業に求められる能力が従来の複製能力から先進国企業と同様の組織・技術能力に変化するとして，そのためには事業範囲の集中化が避けられないと論じた(Kock and Guillén[2001])[2]．韓国の上位グループのなかの中核企業，例えば三星グループにおける三星電子，LG グループにおける LG 電子はエレクトロニクス分野で世界屈指の企業にまで成長している．事実，第5章でみたように各グループとも売上高の主力産業への依存度が高まりつつある．三星グループの場合，中核企業である三星電子とその他企業の間で収益率に顕著な格差が生じている．投資の効率性を考えても，また今後もさらに国際市場で競争していくためにも，グループの資源を中核企業など主力産業に集中し

---

[1] この他の持株会社の資金源としては第5章でみたように商標権使用料があるが，これはあまりに高く設定するとやはり子会社の少数株主から反発を受ける可能性があり，大規模な資金移転は難しいであろう．

[2] ただし，コックとギジェンの議論はビジネスグループの進化の過程について，組織の中央統制の度合いと事業の関連性が共に一方的に高まっていくことを想定している．しかし，これまで本書が明らかにしたように，韓国の財閥は成長の初期段階において，会長とその家族，及びグループ統括組織を中心に直接的な経営がおこなわれ，その下で人材など資源の配分がおこなわれていた．その後，財閥は事業の拡大とともにグループ本社が資源配分機能を持ちつつも，日常的な経営の権限を下方に委譲する改革がおこなわれた．コックらはビジネスグループの成長過程における非関連事業を含めた事業の拡大，及び拡大に伴う非効率への対処としての組織改革の重要性を無視してしまっている．

ていく方が合理的であるかもしれない．これに加えて，少数株主の権利強化に伴ってグループ内で投資資金を再配分することが以前よりも難しくなっているのは先に述べたとおりである．今後もこの傾向が続く場合，非主力事業を切り離してグループを主力事業ないし中核企業を中心とした構造へと改編する可能性はあり得るだろう．その場合，多数の事業を前提とした現在の経営組織も，コックとギジェンが想定するようなより中央集権的な形態へと再び変化を遂げることになるかもしれない．

　今後，財閥はグループ組織をより緩やかなかたちに再構築するのか，それとも事業範囲を見直して集中化を図るのか，いずれにせよ韓国の財閥は今後の新たな環境変化にも対応しつつ，またその姿を変えていくことになるだろう．

あとがき

　本書はアジア経済研究所において 2009 年度に実施された個人研究「ポスト開発期における韓国財閥の成長と転換」研究会の成果である．本書で展開している議論の一部は，筆者が過去に発表した韓国財閥に関する研究成果（安倍［2002］［2004］［2006a］［2006b］）を下敷きにしている．しかし，統一的な主題を持ったひとつの研究としてまとめるにあたって，議論の再構成，新たな事例の追加とデータの再吟味を含め，大幅な加筆・修正をおこなった．その結果，本書はほぼ新たな書き下ろしと呼べるものになっている．

　筆者が韓国財閥研究を進める過程で多くの先学，同僚から指導と助言をいただいた．筆者にとって重要な研究の「場」となったのは，アジア経済研究所内で組織された共同研究会，なかでも 2002 年から 2004 年まで実施されたファミリービジネス研究会である．星野妙子主査をはじめ研究所の同僚，末廣昭先生，高龍秀先生をはじめ外部の先生とのディスカッションを通じて，ビジネスグループ及びファミリービジネスに関する一般的な議論から韓国財閥を捉え直す必要性を強く認識するようになった．

　2003 年から 2005 年の「日韓財閥のサステイナビリティー――危機後の韓国財閥と最末期三井財閥を中心として」研究会（科学研究費補助金基盤研究 B）も重要な研究の「場」となった．由井常彦先生をはじめ日本経営史の専門家から，歴史的な存在としての財閥の生成と変化に注目する視点をご教示いただいた．また鄭求鉉先生をはじめ韓国側の共同研究者及びワークショップ参加者とは，近年飛躍的に発展を遂げている韓国現地での財閥研究をめぐって直接議論をたたかわせ，外国人研究者である自分がなにを論じうるのかを熟考するよい機会となった．

　本書が完成するまでには多くの方々からの協力を得た．韓国財閥の経営に関する情報は極めて限られており，本書は主に財務データベースや社史，紳士録など公開資料に依拠して議論を展開している．それでも企業でのインタビュー調査をおこなうことによって，一定の肉付けをおこなうことができた．ここで個別のお名前を出すことは控えるが，インタビューに快く応じてくだ

あとがき

　さった企業関係者の方々に深く感謝を申し上げたい．
　また，本書の作成段階では，川上桃子，若畑省二の両氏との勉強会がペースメーカーの役割を果たしてくれた．さらに脱稿後には佐藤幸人氏から有益なコメントを得ることができた．この場を借りて感謝を申し上げたい．紙幅の関係上，お世話になったすべての方のお名前をあげることができなかったことをお許しいただきたい．
　最後に，日本における韓国財閥研究の第一人者であり，研究が遅々として進まない筆者を常に暖かく見守ってくださっている服部民夫先生にささやかな本書を捧げたい．

　　2011年1月18日

　　　　　　　　　　　　　　　　　　　　　　　　　　　安倍　誠

参 考 文 献

〔日本語文献〕

麻島昭一[1983]『戦間期住友財閥経営史』東京大学出版会.
麻島昭一編[1987]『財閥金融構造の比較研究』御茶の水書房.
安部悦生[2009]「チャンドラー・モデルの行く末」『経営史学』第44巻第3号, 12月, 44-59頁.
安倍誠[2000]「韓国——大宇・現代ショックと「財閥」のゆくえ」『アジ研ワールドトレンド』第60号, 9月, 2-5頁.
――[2002]「韓国・通貨危機後における大企業グループの構造調整と所有構造の変化——三星・LG・SKグループを中心に」, 星野妙子編『発展途上国の企業とグローバリゼーション』日本貿易振興機構アジア経済研究所.
――[2004]「韓国財閥の持続可能性——継承問題と通貨危機後の事業再編を中心に」, 星野妙子編『ファミリービジネスの経営と革新——アジアとラテンアメリカ』日本貿易振興機構アジア経済研究所.
――[2005]「韓国の企業統治と企業法制改革」, 今泉・安倍編[2005]所収.
――[2006a]「韓国財閥における家族経営と俸給経営者層——三星, SKグループの事例から」, 星野妙子・末廣昭編[2006]所収.
――[2006b]「韓国財閥の専門経営者」, 服部編[2006]所収.
石田賢[2010]「サムスン躍進の原動力は何か?——対アジア経済協力の視点から」『世界経済評論』Vol.54, No.6, 11-12月, 54-63頁.
伊藤正二[1998]「インドにおける財閥分裂の史的意義と経営者企業輩出の可能性の吟味」『アジア経済』第39巻第6号, 6月, 71-84頁.
今泉慎也・安倍誠[2005]「序論」, 今泉・安倍編[2005]所収.
今泉慎也・安倍誠編[2005]『東アジアの企業統治と企業法制改革』(経済協力シリーズ第208号)日本貿易振興機構アジア経済研究所.
遠藤敏幸[2006]「韓国財閥の企業構造調整と公正取引法」同志社大学大学院商学研究科博士論文.
大山小夜[2006]「消費者信用市場の拡大が韓国社会にもたらしたもの——多重債務という観点から」『韓国経済研究』第6巻, 2006年8月, 1-17頁.
岡崎哲二[1999]『持株会社の歴史——財閥と企業統治』ちくま新書.
川上桃子[2008]「台湾家族所有型企業グループにおける家族の論理と事業の論理の交錯」, 佐藤幸人編『台湾の企業と産業』日本貿易振興機構アジア経済研究所.
菊澤研宋[2006]『組織の経済学入門——新制度派経済学アプローチ』有斐閣.
橘川武郎[1996]『日本の企業集団——財閥との連続と断絶』有斐閣.
吉川容[2006]「三井財閥における資本所有と傘下企業統轄——三井合名期について」,

参 考 文 献

服部編[2006]所収.
具滋暻[1993]『道はひとすじ——わが経営革新』プレジデント社.
高龍秀[2009]『韓国の企業・金融改革』東洋経済新報社.
下谷政弘[1996]『持株会社解禁——独禁法第九条と日本経済』中公新書.
末廣昭[2003]「ファミリービジネス再論——タイにおける企業の所有と事業の継承」『アジア経済』第44巻第5・6合併号,6月,101-127頁.
末廣昭[2006]『ファミリービジネス論——後発工業化の担い手』名古屋大学出版会.
鈴木良隆・橋野知子・白鳥圭志[2007]『MBAのための日本経営史』有斐閣.
武田晴人[1993]「財閥と内部資本市場」,大河内暁男・武田晴人編『企業者活動と企業システム——大企業体制の日英比較史』東京大学出版会.
鄭安基[2000]「持株会社禁止以前の韓国財閥の支配構造」『東アジア研究』第30号,12月,15-35頁.
——[2001]「韓国「4大企業集団」の所有と組織構造」『経済論叢別冊 調査と研究』第21号,4月,42-64頁.
鄭章淵[2007]『韓国財閥史の研究——分断体制資本主義と韓国財閥』日本経済評論社.
鄭周永[2000](金容権訳)『危機こそ好機なり——21世紀アジアの挑戦』講談社.
中山武憲[2001]『韓国独占禁止法の研究』信山社出版.
服部民夫[1982a]「韓国「財閥」の株式所有について」『社会科学』(同志社大学人文科学研究所)第30集,1月,122-169頁.
——[1982b]「韓国におけるビジネス・エリートの形成」『日本労働協会雑誌』第24巻2号,2月,77-90頁.
——[1984]「現代韓国企業の所有と経営」『アジア経済』第25巻5・6号,5・6月,132-150頁.
——[1988]『韓国の経営発展』文眞堂.
——[1994a]「韓国「財閥」の所有と経営・再論」『東京経大学会誌』第188号,9月,21-50頁.
——[1994b]「韓国「財閥」の将来——「財閥の成長と衰退」試論」,牧戸編[1994]所収.
服部民夫編[2006]「日韓財閥のサステイナビリティー——危機後の韓国財閥と最末期三井財閥を中心として」(平成15-17年度科学研究費補助金研究成果報告書).
服部民夫・佐藤幸人[1996]『韓国・台湾の発展メカニズム』アジア経済研究所.
朴一[1999]『韓国NIES化の苦悩——経済開発と民主化のジレンマ』(増補版)同文館出版.
曳野孝[2009]「経営者企業,企業内能力,戦略と組織,そして経済成果」『経営史学』第44巻第3号,12月,60-70頁.
深川由起子[1994]「韓国の産業政策と「財閥」」,牧戸編[1994]所収.
——[1997]『韓国・先進国経済論——成熟過程のミクロ分析』日本経済新聞社.

星野妙子・末廣昭編[2006]『ファミリービジネスのトップマネジメント——アジアとラテンアメリカにおける企業経営』アジア経済研究所叢書2, 岩波書店.
洪夏祥[2003](宮本尚寛訳)『サムスン経営を築いた男——李健熙伝』日本経済新聞社.
——[2005](福田恵介訳)『サムスンCEO』東洋経済新報社.
牧戸孝郎編[1994]『岐路に立つ韓国企業経営——新たな国際競争力の強化を求めて』名古屋大学出版会.
森川英正[1980]『財閥の経営史的研究』東洋経済新報社.
——[1996]『トップマネジメントの経営史——経営者企業と家族企業』有斐閣.
山根眞一[2005]「韓国財閥とコーポレート・ガバナンス——LGの歴史と経営発展」京都大学大学院経済学研究科博士論文.
安岡重明[1998]『財閥経営の歴史的研究——所有と経営の国際比較』岩波書店.
柳町功[2001]「韓国財閥におけるオーナー支配の執拗な持続」, 松本厚治・服部民夫編『韓国経済の解剖——先進国移行論は正しかったのか』文眞堂.
——[2003]「韓国の三星——国家の発展を主導した財閥」, 岩崎育夫編『アジアの企業家』東洋経済新報社.
——[2007]「韓国現代史と三星財閥の発展——創業者・李秉喆の企業家活動」慶應義塾大学博士(商学)学位論文.
吉岡英美[2010]『韓国の工業化と半導体産業——世界市場におけるサムスン電子の発展』有斐閣.

〔韓国語文献〕

姜哲圭[1999]『재벌개혁의 경제학—선단경영에서 독립경영으로』(財閥改革の経済学——船団経営から独立経営へ)茶山出版社.
姜又蘭[2006]「한국 CEO 시스템의 진화 1986-2004」(韓国CEOシステムの進化1986-2004)動向資料, 三星経済研究所.
公正去来委員会[2000]「4대그룹에 대한 부당내부거래등 조사결과」(4大グループに対する不当内部取引等調査結果)(2000.12).
権秉順[1995]「人的資本의 質的増大를 위한 人材育成」(人的資本の質的増大のための人材育成)『経営界』9月号.
金星社[1985]『金星社二十五年史』.
金星電線社史編纂委員會編[1984]『金星電線二十年史』.
金星通信二十年史編纂委員会[1992]『金星通信二十年史』.
金基元[2002]『재벌개혁은 끝났는가』(財閥改革は終わったのか)ハヌルアカデミー.
김동운(キムドンウン)[1999a]「한국재벌의 지배구조」(韓国財閥の支配構造), 김대환・김균 편(キムデファン・キムギュン編)『한국재벌개혁론』(韓国財閥改革論)ナナム出版.

参 考 文 献

――[1999b]「지배・경영구조」(支配・經營構造),参与連帯参与社会研究所経済分科[1999]所収,ナナム出版.
――[2007]「LG 그룹 지주회사체제의 성립과정과 의의」(LG グループ持株会社体制の成立過程と意義)『經營史学』第 22 集第 1 号,pp.5-48.
――[2008]『한국재벌과 개인적경영자본주의』(韓国財閥と個人的経営資本主義)ヘアン.
김동운・김덕민・백운광・정재현・벽영현・유태현(キムドンウン・キムドクミン・ペクウグァン・チョンジェヒョン・ペクヨンヒョン・ユテヒョン)[2005]『재벌의 경영구조와 인맥 혼맥：한국의 재벌 4』(財閥の經營構造と人脈婚脈：韓国の財閥 4)ナナム出版.
東亜日報経済部[2002]『한국대기업의 리더들』(韓国大企業のリーダーたち)キムヨンサ.
럭키四十年史編纂委員會編(楽喜 40 年史編纂委員会編)[1987]『럭키四十年史』(楽喜 40 年史).
毎日経済新聞社[各年版]『会社年鑑』.
박영철・김동원・박경서(パクヨンチョル・キムドンウォン・パクギョンソ)[2000]『금융・기업구조조정―미완의 개혁』(金融・企業構造調整――未完の改革)三星経済研究所.
박창욱・최종범(パクチャンウク・チェジョンボム)[2008]「SK 그룹 지주회사 전환 사례」(SK グループ持株会社転換事例)『經營教育研究』第 12 巻第 2 号,pp.95-124.
삼성중공업(三星重工業)[2004]『삼성중공업 30 년사』(三星重工業 30 年史).
三星秘書室[1988]『三星五十年史』.
삼성회장비서실(三星会長秘書室)[1998]『삼성 60 년사』(三星 60 年史).
서울經濟新聞編(ソウル經濟新聞編)[1991]『財閥과 家閥』(財閥と家閥)ソウル経済新聞社.
서울經濟新聞産業部編(ソウル経済新聞産業部編)[1995]『財閥――그 実像과 虚像…実態를 벗긴다』(財閥――その実像と虚像…実態を暴く)韓国ムンウォン.
서울신문사경제부(ソウル新聞社経済部)[2005]『財閥家脈――누가 한국을 움직이는가』(財閥家脈――誰が韓国を動かしているのか)ムハン.
鮮京그룹弘報室(鮮京グループ弘報室)[1993]『鮮京四十年史』.
송원근(ソンウォングン)[2000]「5 대재벌의 내부거래효율성에 관한 연구」(5 大財閥の内部取引効率性に関する研究)高麗大学大学院経済学科博士論文.
――[2001]「재벌의 내부거래―현황과 쟁점」(財閥の内部取引――現況と争点),한국사회경제학회편(韓国社会経済学会編)『세계화의 도전과 대안적 자본주의의 모색』(世界化の挑戦と対案的資本主義の模索)プルピッ.
――[2008]『재벌개혁의 현실과 대안 찾기』(財閥改革の現実と対案探し)フマニタス.

参考文献

송원근・이상호(ソンウォングン・イサンホ)[2005]『재벌의 사업구조와 경제력 집중 : 한국의 재벌 1』(財閥の事業構造と経済力集中 : 韓国の財閥 1)ナナム出版.
SK 企業文化室編[2006]『SK 50 년 : 파기와 지성의 여정』(SK 50 年 : 覇気と知性の旅程)月刊朝鮮社.
LG[1997]『LG 50 년사』(LG 50 年史).
株式会社 LG[2007]『고객에 대한 열정 미래에 향한 도전――LG 60 년사』(顧客に対する熱情　未来に向かう挑戦――LG 60 年史).
LG 상사(LG 商事)[2003]『LG 상사 50 년사』(LG 商事 50 年史).
LG 화학(LG 化学)[1997]『LG 화학 50 년사』(LG 化学 50 年史).
油公二十年史編纂委員会[1983]『油公二十年史』株式会社油公.
이병기(イビョンギ)[1998]『한국 기업집단의 채무보증 : 현황과 개선방향』(韓国企業集団の債務保証 : 現況と改善方向)韓国経済研究院.
李秉喆[1986]『湖巌自傳』中央日報社.
이은정・이주영(イウンジョン・イジュヨン)[2003]「지주회사 LG 의 설립과정 및 특징」(持株会社 LG の設立過程及び特徴)『企業支配構造研究』2003 秋号, pp. 35-48.
全国經濟人聯合會[各年版]『韓國財界人士録』(『韓國経済年鑑』別冊).
鄭光鉉[1967]『韓國家族法研究』ソウル大学校出版部.
鄭求鉉[1987]「韓國企業의 經營構造」(韓国企業の経営構造), 大韓商工会議所編『韓國企業의 成長戰略과 經營構造』(韓国企業の成長戦略と経営構造).
第一毛織工業[1974]『毛織 20 年史』.
第一製糖工業株式会社十年誌編纂委員会[1964]『十年誌』.
조동문・이병천・송원근 엮음(チョドンムン・イビョンチョン・ソンウォングン編)[2008]『한국사회, 삼성을 묻는다』(韓国社会, 三星に問う)フマニタス.
中央日報経済 2 部[1996]『재벌을 움직이는 사람들――30 대재벌그룹의 인맥분석』(財閥を動かす人たち――30 大財閥グループの人脈分析)中央日報社.
――[1997]『재벌을 움직이는 사람들――30 대재벌그룹의 인맥분석』(財閥を動かす人たち――30 大財閥グループの人脈分析)全面改訂版, 中央日報社.
참与連帯参与社会研究所経済分科[1999]『한국 5 대재벌백서 1995-1997』(韓国 5 大財閥白書 1995-1997)ナナム出版.
최승노(チェスンノ)[各年版]『한국의 대기업집단』(韓国の大規模企業集団)自由企業院.
崔廷杓[2004]『한국재벌의 이론과 현실』(韓国財閥の理論と現実)建国大学校出版部.
韓国経済研究院編[1995]『한국의 기업집단』(韓国の企業集団)韓国経済研究院.
韓国上場会社協議会[各年版]『上場会社経営人名録』.
現代그룹文化室(現代グループ文化室)[1997]『現代五十年史』.
現代自動車[1987]『現代自動車二十年史』.

参考文献

〔英語文献〕

Amsden, Alice H. and Takeshi Hikino[1994], "Project Execution Capability, Organizational Know-how and Conglomerate Corporate Growth in late Industrialization", *Industrial and Corporate Change*, 3(1), pp.111-147.

Baek, Jae-Seung, Jun-Koo Kang and Kyung Suh Park[2004], "Corporate Governance and Firm Value: Evidence from the Korean Financial Crisis", *Journal of Financial Economics*, 71(2), pp.265-313.

Chandler, Alfred D. Jr. [1962], *Strategy and Structure*, Harvard University Press (有賀裕子訳『組織は戦略に従う』ダイヤモンド社, 2004年).

――[1977], *The Visible Hand: The Managerial Revolution in American Business*, Harvard University Press(鳥羽欽一郎・小林袈裟治訳『経営者の時代(上)(下)』東洋経済新報社, 1979年).

Chang, Ha-Joon, Hong-Jae Park and Chul-Gyue Yoo[1998], "Interpreting the Korean Crisis: Financial Liberalisation, Industrial Policy and Corporate Governance", *Cambridge Journal of Economics*, 22(6), pp.735-746.

Chang, Sea Jin[2003], "Ownership Structure, Expropriation and Performance of Group-Affiliated Companies in Korea", *The Academy of Management Journal*, 46(2), pp.238-254.

Chang, Sea Jin and Unghwan Choi[1988], "Strategy, Structure and Performance of Korean Business Groups: A Transaction Cost Approach", *The Journal of Industrial Economics*, 37(2), pp.141-157.

Chang, Sea Jin and Jaebum Hong[2000], "Economic Performance and Group-Affiliated Companies in Korea: Intragroup Resource Sharing and Internal Business Transactions", *The Academy of Management Journal*, 43(3), pp.429-448.

Choi, Jeong-Pyo and Thomas G. Cowing[1999], "Firm Behavior and Group Affiliation: The Strategic Role of Corporate Grouping for Korean Firms", *Journal of Asian Economics*, 10(2), pp.195-209.

Claessens, Stijin, Siemens Djankov and Larry H. P. Lang[1999], "Who Controls East Asian Corporations?", World Bank Policy Research Paper No.2054, Washington D.C., The World Bank.

――[2000], "The Separation of Ownership and Control in East Asian Corporations", *Journal of Financial Economics*, 58(1-2), pp.81-112.

Claessens, Stijin, Siemens Djankov, Joseph P. H. Fan and Larry H. P. Lang[1999], "Expropriation of Minority Shareholders: Evidence from East Asia", World Bank Policy Research Paper No.2088, Washington D.C., The World Bank.

Haggard, Stephan[1990], *Pathways from Periphery: The Political Economy of*

Growth in the Newly Industrialized Countries, Ithaca: Cornell University Press.

Hill, C. W. L[1985], "Oliver Williamson and the M-form Firm: a Critical Review", *Journal of Economic Issues*, 19(3), pp. 731-751.

Hill, C. W. L and R. E. Hoskisson[1987], "Strategy and Stracture in the Multiproduct Firm", *The Academy of Management Review*, 12(2), pp. 331-341

Khanna, Trun and Yishay Yafeh[2007], "Business Groups in Emerging Markets: Paragons or Parasites?", *Journal of Economic Literature*, 45(2), pp. 331-372.

Kim, Eun Mee[1997], *Big Business, Strong State: Collusion and Conflict in South Korean Development, 1960-1990*, Albany: State University of New York Press.

Kock, C. J. and M. F. Guillén[2001], "Strategy and Structure in Developing Countries: Business Groups as an Evolutionary Response to Opportunities for Unrelated Diversification", *Industrial and Corporate Change*, 10(1), 2001, pp. 77-113.

La Porta, Rafael, Florencio Lopez-de-Silanes and Andrei Shleifer[1999], "Corporate Ownership around the World", *The Journal of Finance*, 54(2), pp. 471-517.

Leff, Nathaniel. H. [1978], "Industrial Organization and Entrepreneurship in the Developing Countries: The Economic Groups", *Economic Development and Cultural Change*, 26(4), pp. 661-675.

Lim, Unki and Chang-Soo Kim[2005], "Determinants of Ownership Structure: An Empirical Study of the Korean Conglomerates", *Pacific-Basin Finance Journal*, 13(1), pp. 1-28.

Morck, Randall K. ed. [2005], *A History of Corporate Governance around the World: Family Business Groups to Professional Managers*, Chicago: University of Chicago Press.

Nam, Sang-Woo[2001], "Family-Based Business Groups: Degeneration of Quasi-Internal Organizations and Internal Markets in Korea", ADB Institute Research Paper No. 28, Tokyo, ADB Institute.

The World Bank[1993], *The East Asian Miracle: Economic Growth and Public Policy*, Oxford University Press(白鳥正喜監訳・海外経済協力基金開発資金研究会訳『東アジアの奇跡――経済成長と政府の役割』東洋経済新報社, 1994年).

Williamson, Oliver E. [1975], *Market and Hierarchies: Analysis and Antitrust Implications*, New York: Free Press(浅沼萬里・岩崎晃訳『市場と企業組織』日本評論社, 1980年).

――[1985], *The Economic Institutions of Capitalism*, New York: Free Press.

Wong, Shiu-lun[1985], "The Chinese Family Firm: a Model", *The British Journal of Sociology*, 36(1), pp. 58-72.

――[1988], "The Applicability of Asian Family Values to Other Sociocultural Settings", in Peter L. Berger and Hsin-Huang Michael Hsiao eds., *In Search of East*

参考文献

Asian Development Model, Brunswick: Transaction Books.

Woo, Jung En[1991], *Race to the Swift: State and Finance in Korean Industrialization*, New York: Columbia University Press.

索　引

［人　名］

あ　行

麻島昭一　8
アムスデン（Amsden, A.）　6, 113
李仁煕（イインヒ）　62, 66
李健煕（イゴンヒ）　62, 65, 66, 78, 80, 146, 148, 149
李在鎔（イジェヨン）　146, 149
石田賢　170
李鍾基（イジョンギ）　65, 66
李敍顕（イソヒョン）　146
李昌煕（イチャンヒ）　62, 65, 66
李徳煕（イドクヒ）　65, 66
李秉喆（イビョンチョル）　21, 62, 65, 66, 78, 79
李富眞（イブジン）　146
李明煕（イミョンヒ）　66
李孟煕（イメンヒ）　65, 66, 78
ウィリアムソン（Williamson, O.）　5, 176
ウォン（Wong, S.）　8
遠藤敏幸　40
岡崎哲二　5, 8

か　行

姜哲圭（カンチョルギュ）　145
ギジェン（Guillén, M.）　6, 178, 179
橘川武郎　7, 177
吉川容　177
キムドンウン　11
具仁會（グインヘ）　25, 82, 83
具滋元（グジャウォン）　67
具滋暻（グジャギョン）　67, 69, 83, 86
具滋克（グジャグク）　151
具滋燮（グジャソプ）　151
具滋斗（グジャドゥ）　67, 150
具滋學（グジャハク）　67, 150
具滋洪（グジャホン）　151
具滋敏（グジャミン）　151
具貞會（グジョンヘ）　67
具哲會（グチョルヘ）　25, 83, 150

具泰會（グテヘ）　150
具斗會（グドゥヘ）　67, 150
具平會（グピョンヘ）　67, 150
具本杰（グボンゴル）　151
具本俊（グボンジュン）　67, 151
具本茂（グボンム）　67, 69, 86
コック（Kock, C.）　6, 178, 179

さ　行

末廣昭　7, 9
蘇炳海（ソビョンヘ）　80
ソンウォングン　12
孫京植（ソンギョンシク）　65, 66
孫吉丞（ソンギルスン）　89, 111
孫福男（ソンボクナム）　65, 66
孫永琦（ソンヨンギ）　65, 66

た　行

崔再源（チェジェウォン）　77, 159
崔鍾旭（チェジョンウク）　76
崔鍾寛（チェジョングァン）　75
崔鍾建（チェジョンゴン）　31, 75
崔鍾賢（チェジョンヒョン）　75, 77, 89, 90, 107, 156, 166
崔信源（チェシンウォン）　76
崔昌源（チェチャンウォン）　77
崔泰源（チェテウォン）　77, 156, 159, 166
崔胤源（チェユンウォン）　76
チャンドラー（Chandler, A.）　5, 7, 11, 176, 177
鄭日宣（チョンイルソン）　167
鄭義宣（チョンウィソン）　167
鄭求鉉（チョングヒョン）　12
鄭相永（チョンサンヨン）　71, 72
鄭在恩（チョンジェウン）　66
鄭周永（チョンジュヨン）　28, 71, 87, 134
鄭順永（チョンスンヨン）　71
鄭世永（チョンセヨン）　71, 87, 88
鄭夢一（チョンモンイル）　72
鄭夢奎（チョンモンギュ）　88

191

索　引

鄭夢九(チョンモング)　71, 88, 136, 167, 168
鄭夢根(チョンモングン)　71, 72
鄭夢準(チョンモンジュン)　137
鄭夢憲(チョンモンホン)　71, 88, 136

は・ま行

朴長錫(パクジャンソプ)　77
服部民夫　11, 40, 77
曳野孝　6, 113
表文洙(ピョムンス)　77

ヒル(Hill, C.)　6
星野妙子　7
許準九(ホジュング)　25, 67, 82, 86, 150
許愼九(ホシング)　67
許昌秀(ホチャンス)　151
許東秀(ホドンス)　67
洪璡基(ホンジンギ)　62, 65, 66
洪錫埈(ホンソクジュン)　66
洪羅喜(ホンナヒ)　62
森川英正　7, 93

[事　項]

あ　行

IMF(国際通貨基金)　116, 144
IT 産業　116, 118
IT 分野　99, 105, 160, 175
天下り経営者　7, 93
安国火災海上　23, 62
李承晩(イスンマン)政権　9, 62
仁川(インチョン)製鉄　30, 44, 136
営業キャッシュフロー　50, 52, 53, 125, 129, 133, 134
H 型組織　5
エージェンシー問題　10, 56
SK アカデミー　111
SK エナジー　156, 158
SK エナジー販売　44, 133, 134
SK エンロン　133
SK 海運　108, 133, 164
SK ガス　33, 45, 108, 134, 159
SK㈱　33, 44, 52, 133, 134, 156, 158, 165
SK グローバル　31, 44, 52, 108, 133, 134, 156
SK ケミカル　31, 44, 52, 108
SKC　31, 44, 52
SK C&C　156, 159
SK 証券　33, 76
SK 生命　33, 45, 133
SK テレコム　33, 44, 45, 53, 76, 108, 119, 133, 198
SK ネットワークス　31, 158
エチレンセンター　24, 28, 31
F-88 プロジェクト　84
LG アド　163

LG-LCD　119, 129
LG カード　28
LG 海上火災　28, 36, 150
LG 化学　25, 28, 36, 41, 48, 50, 100, 129, 132, 140
LG 割賦金融　28, 41
LG カルテックス精油　27, 100
LG 建設　41, 150
LG 証券　28, 131
LG 商事　36
LG 情報通信　28, 132
LG 信用カード　28, 41
LG 石油化学　28, 41
LG 綜合金融　131
LG ソーラーエナジー　140
LG テレコム　28, 41
LG 電子　25, 27, 36, 41, 48, 50, 100, 129, 132, 140
LG 電線　27, 36, 41, 100, 150
────グループ(LS グループ)　150
LG 投資証券　131
LG 半導体　28, 41, 50, 118, 119, 129
LG 百貨店　28, 41
LG フィリップス LCD　129, 151
LG ホームショッピング　28, 41
LG 流通　36, 132
オーナー経営者　4, 179

か　行

海外販売部門　97, 100, 104, 113
階層組織　7
会長室　86, 100, 102, 154
会長団　83

192

索 引

会長秘書室　　79, 80, 82, 97, 148, 160
外部株主　　40
外部監査法　　144
外部迎え入れ　　94, 95, 97, 99, 102, 106, 109, 163, 167
家族内・家族間分割　　118, 151
家族の論理　　8
㈱LG　　151, 154, 163
株式配当　　40, 154
㈱鮮京　　31, 38, 75
韓国移動通信　　33, 44, 108
韓国ケーブル　　27, 82
韓国肥料　　24
――事件　　65, 78, 79
監査委員会　　145, 155
管理部門　　97, 100, 113
関連多角化　　27
起亜自動車　　119, 134, 136, 167, 170
企画総括本部　　167
企画調整室　　82, 84, 86
企業構造調整　　120
企業法制改革　　143
キャッシュフロー　　48, 125, 133
――計算書　　48, 133, 134, 140
旧公営企業　　164, 174
旧朝鮮の慣習法　　78
旧油公出身者　　107, 164
業務執行指示者　　145
極東精油　　31, 43
金星社　　25, 36, 67, 82, 85
金星電線　　27, 36
金星半導体　　28, 67, 85
均分相続　　8
金融業　　18, 25, 28, 31
金融構造改革　　116
金融(の)自由化　　17, 18, 28
具家と許家　　150
グループ運営委員会　　81, 82, 89, 148
グループ運営会議　　83, 86
グループ会長　　11, 78, 79, 82, 84, 90, 91, 144, 146, 149, 158, 173, 176
グループ公開採用　　110, 154, 174
グループ合同研修　　112, 166
グループ政策委員会　　86, 87
グループ組織の多層化　　80
グループ統括組織　　11, 78, 79, 82, 87, 89, 90, 95, 102, 105, 108, 144, 149, 160, 162, 163, 167, 173, 176, 178
グループ内異動経験　　94, 95, 97, 99, 100, 103, 104, 107, 109, 160, 162-164, 168
グループ内資本　　13
グループ内出資　　35, 40, 60, 125, 134, 140, 175
グループ生え抜き　　94, 95, 99, 100, 102-104, 107, 108, 160, 163, 174
グループ本社　　61, 78-80, 82, 84, 90, 91, 144, 145, 173, 176
クレジットカード会社　　116, 138
軍需関連事業　　97, 105
経営委員会　　79, 83, 89, 90, 148, 173
経営改革　　61, 173, 176
経営管理チーム　　154
経営企画室　　89, 90, 108, 156
経営者企業　　7, 177
経営の臨界点　　7
系列企業生え抜き　　166, 173
現代峨山　　134, 138
現代割賦金融　　31, 43
現代建設　　30, 38, 43, 52, 87, 104-106, 111, 120, 138
現代鋼管　　30, 135, 137
現代産業開発　　38
現代自動車　　30, 43, 50, 52, 87, 104, 106, 111, 134, 136, 138, 167, 170
――グループ　　120, 167, 168, 170
現代重工業　　30, 38, 43, 51, 52, 87, 104-106, 134, 137, 138
現代証券　　31, 140
現代商船　　30, 43, 134, 138
現代人力開発院　　111, 112
現代精工　　38, 71, 134, 136
現代精油　　31, 42, 43
現代石油化学　　31, 42, 128
現代綜合商事　　30, 87, 106
現代電子　　30, 43, 52, 105, 106, 120, 134, 138
現代投資証券　　31, 120, 138
現代モービス　　167, 170
公営企業　　33, 108, 109, 111
公正取引委員会　　2, 121
構造調整委員会　　148
構造調整推進本部　　156
構造調整政策　　1, 120, 143
構造調整本部　　148, 154, 160

193

工務部門　97,113
効率性アプローチ　10
国際綜合金融　31,72
国民投資信託証券　31,43
個人化されたM型組織　12
固定負債の増加　50,52,55
湖南精油　27,67,70
個別産業育成法・振興法　16-18
コングロマリット　5

さ 行

財政状態変動表　48
財閥改革5項目　120
財務キャッシュフロー　50,52,125
財務構造改善約定　122
債務保証　12,35,121
サブグループ　78,90,91,173
三星SDI　23,24,45,55,66,129
三星カード　25,127,138
三星火災海上　23,66
三星キャピタル　25,127,138
三星航空　45,97
三星自動車　25,45,118,127,129,148
三星重工業　24,97
三星証券　25,45
三星商用車　25,118,127,129
三星人力開発院　111,112,166
三星精密化学　25,45
三星生命　23,36,45,55,126,139
三星綜合化学　24,45,127,128,148
三星綜合建設　24,97
三星テックウィン　45,127-129
三星電管　23,66
三星電機　23,24,45,66,129,138
三星電子　23,24,36,45,55,62,66,96-98,
　　125,128,138,139,146,148,160
三星秘書室　79
三星物産　21,36,45,55,62,65,66,110,
　　127,129,139
GSグループ　150
CU(Cultural Unit)　85,86,154
　——制　85,91,154
　——長　85,86
事業(の)多角化　5,21,28
資源配分機構　13
資産再評価　41,123
支配株主　10,56,143,177

資本収益率　57
資本配分機能　35,141,178
社外理事　145,147,156
社長団運営委員会　87
社長団会議　83,84,87,149,154,160
社長団協議会　149
社内ネットワーク　7,95
収益センター　48,56
重化学工業　9,16,17,55,99,106,116,
　　175
　——部門　30,97
自由化政策　1,16,175
集権化されたM型組織　6
出資総額制限　46,125
純運転資本　48
循環出資　36
純粋持株会社　39,46,91,145,150,156,
　　173,178
上位グループ　2,14,19,144
小グループ　81,88,148
証券取引法(の)改正　40,144
上場企業　56,57,62
少数株主　10,56,144,177
商標権(の)使用料　140,154,158
商品開発部門　97,113
商法改正　144
情報通信産業　18,28,132
シルトロン　28,41
新規企業　58
人材養成機関　111,166
新世紀移動通信　119
新世界グループ　66
新世界百貨店　23,36,45,66
人文社会系学科出身者　99,102,106,109,
　　160,163,165
人和苑　111,166
SUPEX追求委員会　158
政治経済学的アプローチ　9
正道経営TFT　155
世界銀行　11,144
接触能力　6
セハングループ　66
鮮京織物　31,111
鮮京化学　31,38
鮮京建設　38
鮮京合纖　31,38,76
鮮京石油　31

全州製紙　23, 62, 65, 66
戦前の日本の財閥　5, 7, 8, 11, 39, 177
戦略委員会　159
戦略企画室　149
総合企画室　87, 89, 105
総合金融会社　17, 131
相続慣行　8, 77, 176
組織改革　5, 61, 91, 150, 173, 176
組織革新　5, 7
組織・技術能力　6, 178

た 行

第一毛織　21, 36, 62, 65, 95, 97, 98, 110, 128, 146
第一合繊　24, 66, 98
第一製糖　21, 36, 45, 62, 65, 66, 97, 98, 110
　──グループ(CJグループ)　66
大宇(グループ)　14, 19
大韓石油公社　33, 107
大規模企業集団　46, 121, 144
多角化グループ　6
多事業部制組織(M型組織)　5, 7, 11, 91, 176, 177
単一型組織(U型組織)　5, 7
中央日報社　23, 118
中央日報・東洋放送　95, 98
中核企業　56, 135, 141, 175, 176
長子単独相続　8, 77
長子優待不均等分割相続　77
賃金(の)上昇　16, 175
通貨危機　1, 116, 121
DRAM(事業)　18, 24, 28, 31
デイコム　118, 132
投資キャッシュフロー　125
統治制度　4
東洋放送　23, 96
独占禁止法　35, 39, 46, 91, 121, 140, 145

な 行

内部資本　132, 134
　──市場　8, 35

内部昇進者　7, 93, 162, 174, 176
内部所有比率　40, 125, 178
内部統制　5, 177

は 行

配当収入　50, 52
朴正煕(パクチョンヒ)政権　1, 9, 16, 30
汎韓海上火災(保険)　36, 67
ハンソルグループ　66
半島商事　82
非関連多角化　6, 150
ビッグディール　121, 122, 128, 148
非登記理事　71, 147, 151
ピラミッド型(の)所有構造　39, 44, 47, 55, 56, 126, 175
ファミリービジネス　2, 8, 77
複製能力　6, 178
負債比率　122, 145
プロジェクト遂行能力　6, 113
法人格　91, 144, 145, 154

ま・や 行

未来戦略室　149
持株会社　11, 39, 40, 46, 139, 154, 156, 163
　──子会社　5, 145, 173
有償増資　49-51, 55, 123
油公　24, 33, 39, 75, 107, 111

ら・わ 行

ラジオソウル放送　23, 62
ラッキー　25, 36, 67, 85
楽喜化学工業社　25, 110
ラッキー金星商事　36
ラッキー建設　67
楽喜社　25, 82
理工系学科出身者　99, 102, 106, 109, 160, 163, 165, 169
レントシーキング　10
ワークアウト　121
ワンダーフォーゲル経営者　7, 93

■岩波オンデマンドブックス■

アジア経済研究所叢書7
韓国財閥の成長と変容
――四大グループの組織改革と資源配分構造

2011年2月18日　第1刷発行
2017年4月11日　オンデマンド版発行

著　者　安倍　誠
　　　　あべ　まこと

発行者　岡本　厚

発行所　株式会社　岩波書店
　　　　〒101-8002　東京都千代田区一ツ橋2-5-5
　　　　電話案内　03-5210-4000
　　　　http://www.iwanami.co.jp/

印刷／製本・法令印刷

Ⓒ 日本貿易振興機構アジア経済研究所 2017
ISBN 978-4-00-730591-7　　Printed in Japan